滋润心灵的文化

于漪教育视点丛书

于漪 编著

山西人民出版社

图书在版编目（CIP）数据

滋润心灵的文化／于漪编著．—太原：山西人民出版社，2011.10（2014.4 重印）
（于漪教育视点丛书）
ISBN 978-7-203-07454-0

Ⅰ．①滋…　Ⅱ．①于…　Ⅲ．①中学语文课-教学研究　Ⅳ．①G633.302

中国版本图书馆 CIP 数据核字（2011）第 193445 号

滋润心灵的文化（于漪教育视点丛书）

编　　著：	于　漪
责任编辑：	傅晓红
装帧设计：	谢　成
出 版 者：	山西出版传媒集团·山西人民出版社
地　　址：	太原市建设南路 21 号
邮　　编：	030012
发行营销：	0351-4922220　4955996　4956039
	0351-4922127（传真）　4956038（邮购）
E - mail：	sxskcb@163.com　发行部
	sxskcb@126.com　总编室
网　　址：	www.sxskcb.com
经 销 者：	山西出版传媒集团·山西人民出版社
承 印 者：	山西出版传媒集团·山西人民印刷有限责任公司
开　　本：	787mm×1092mm　1/16
印　　张：	13.75
字　　数：	200 千字
印　　数：	10501—13500 册
版　　次：	2011 年 10 月　第 1 版
印　　次：	2014 年 4 月　第 4 次印刷
书　　号：	ISBN 978-7-203-07454-0
定　　价：	30.00 元

如有印装质量问题请与本社联系调换

教师的责任大于天(代序1)

中共上海市教育卫生工作委员会书记　李宣海

于漪老师以81岁高龄,在今年教师节前夕众望所归地当选为"全国教书育人楷模"。这是上海教育的骄傲,是上海教师的光荣。广泛深入学习、宣传于漪老师先进事迹,对全面贯彻全国和上海教育工作会议精神、全面提升教师的师德素质和育人能力、加速推进上海教育率先实现现代化,具有重要而深远的意义。

国家和城市发展的希望在教育,办好教育的希望在教师。《国家中长期教育改革和发展规划纲要》明确了中国教育到2020年要基本实现现代化。《上海市中长期教育改革和发展规划纲要》也明确了上海要率先实现教育现代化。面对教育现代化宏图,我们必须清晰地看到,教育现代化的硬件建设和刚性指标的实现相对比较容易,但教育理念、教育体系、教育模式、教育体制等现代化的教育软件建设,任务更加艰巨。而教育软件建设的核心是教师队伍建设。在教育向现代化的新高峰大步前进之际,我们必须把教师队伍建设放在优先位置、重心位置。

于漪老师是上海"教育功臣",是一位真正的教育家。她从教近60年,始终坚守三尺讲台,以高尚的师德修养、精湛的育人艺术和无私的奉献精神,教育了几代人,也感动了几代人。在于漪老师身上集中体现

了对党和人民教育事业无限忠诚、对学生无限大爱的人民教师的崇高理想追求和精神风貌。教育部的一位老领导称赞于漪老师"育人是一代师表,教改是一面旗帜",这是对于漪老师为人、为师、为学最生动的写照、最精辟的评价。

当前,我们正深入学习贯彻全国和上海市教育工作会议精神,落实国家和上海教育规划纲要部署。学习宣传于漪老师先进事迹是一个重要载体和强大动力,以期推动上海教育系统加大力度推进教育教学改革,造就一支师德高尚、业务精湛、充满活力的高素质专业化教师队伍。

我们要学习宣传于漪老师对教育的无限忠诚。于漪老师常说,一个教师真正的成长就在于他内心深处的觉醒。我理解,这种"内心深处的觉醒",最重要的就是要始终保持崇高的教育理想,时刻牢记"教师的责任大于天"。因为今天的孩子就是明天国家的栋梁,今天的教育关系到千家万户长远的幸福。教师的重任在于一肩挑着学生的现在,一肩挑着国家的未来。天底之下,教师最光荣,教师最神圣。教师的工作虽然平凡,但平凡中有激情,平凡中有崇高。教师上课就是用生命在歌唱,用激情来点燃学生的求知欲望。每一位教师都应该像于漪老师那样,永远忠诚于党和人民的教育事业,甘于奉献,与时俱进,"一辈子做教师,一辈子学做教师"。

我们要学习、宣传于漪老师对学生的大爱无疆。在漫长60年的教学生涯中,于漪老师远离各种名利诱惑,即使是80高龄,依然活跃在教育改革第一线。因为于漪老师始终把学生视为自己的生命,像爱自己的孩子那样一心爱学生。在于漪老师的心目中,爱学生,最重要的就是要尽心尽力地培养呵护学生的成长成才。在她的眼里,每个学生都是金子,教师的使命就是要把每个孩子培养成为"有魂有根"的栋梁之才。于漪老师的教育理念告诉我们,教育要正本清源,教育的本质不是"育分"而是"育人"。浇花要浇根,育人要育心,我们教育学生首先要做一个大写的"人"，做一个堂堂正正的中国人。于漪老师的教育理念告诉我们，教育要尊重学生的个性特长，培养学生的创新素质，促进学生的终身发展。要精益求精，努力提高每一次教育教学活动的效能，让学生在每一次学习中都感受到求知的兴趣，获得人生的成长。于漪老师的教育理念也告诉我们，教师的责任不应该只做一个教书匠和知识的二传手，而应该真正成为学生的良师益友，成为学生健康成长的指导者和引路人。

我们要学习、宣传于漪老师对教育改革的执著追求。于漪老师把教育事业当作是一项创造性的事业，几十年来始终站在教改的最前沿，不懈探索、锐意创新、率先改革。于漪老师上过上千节公开课，但从来不重复自己，即使是同一篇课文教第二、三遍，也绝不重复。她的课每一堂都精彩，每一堂都能打动人心。于漪老师的成功奥秘，就在于准确把握了学生的认知规律和教育教学规律，善于把知识传授和情操熏陶、智力开发融为一体；就在于永不自满、永不止步，不断在超越自我，追求卓越。于漪老师还十分关心青年教师的成长，至今还在不辞辛劳地指导上海课程教材改革，为上海名校长名师培养基地以及语文学科和德育实训基地带教青年教师。上海的教师，尤其是青年教师都应该不辜负于漪老师和前辈教育家的期望，要以更加饱满的工作热情、更加昂扬的精神状态、更加执著的事业追求，积极投身教育改革创新实践中，学习先进经验，掌握先进理念，运用先进方法，追求教育卓越。

学习、宣传于漪老师的事迹，重在深入，贵在行动。全市各级各类学校都要把开展学习宣传于漪老师的活动，与学习贯彻全国和上海教育工作会议精神紧密结合起来，尊重教师的主人翁地位，关心每一位教师的发展，鼓励和吸引优秀人才长期从教、终身从教。每一位教师都要自觉认识"教师的责任大于天"，让于漪成为上海教师的共同标杆和共同形象，让教师的人格魅力和学识魅力赢得学生的敬仰和全社会的尊重。

载《上海教育》2010年（10）A

将生命与母校精神融为一体(代序2)

复旦大学党委书记　秦绍德

于漪老师1951年毕业于复旦大学教育系。从那以后,她在中学语文教师岗位上耕耘了近60年,做出了不平凡的成绩,成为全国教育界的一面旗帜。我们为有于漪这样优秀的校友感到光荣。复旦大学党委已经作出决定,号召全校师生向于漪校友学习。

我们要学习她终身从教,热爱教育。她深刻领会教师的责任,对教师这个职业充满热爱,把自己的生命与教书育人的使命紧密相连。她坚持正确的教育理念,在课堂内外实践素质教育,强调将语文教学与民族精神教育、生命教育无缝对接,呼吁学生学好本民族文化,抵御功利化倾向。她坚持上好每一堂课,广泛汲取时代营养和新知识,强调时代的活水要在课堂上流淌。她广泛吸取优秀教学经验,不断挑战和超越自己的教学成就。

我们在大学里也经常能感受到于漪老师充满活力的教育思想,深受教益。她对以人为本的教育本质有深刻的理解,对全面发展的素质教育有锐意的追求,对不拘一格的教学思想有独到的体会。教育是一门实践性很强的科学,源于实践、高于实践,实事求是地加以总结非常重要。先进的教育理念不能停留在理想阶段,而要付诸实践,接受实践的检验。

我们要学习她热爱学生，潜心育人。她认为，学生的事是天大的事，是教师心上的事。在她的眼里，每位学生都是璞玉，每位学生都像自己的孩子。为国家培养"有魂有根"的栋梁之才是她孜孜以求的理想。她身体力行，强调身教重于言教，以高尚的人格塑造学生的人格，以高尚的情操熏陶学生的情操，才能取得理想的教育效果。

凡是接触过于漪老师的人，都无时无刻不感受到她对学生的挚爱。一个教师，可能影响一个学生的一生；一位好教师，可能影响一批学生；一位优秀教师，可能影响一代又一代的学生。教育在本质上是做人的工作，好教师对学生都具有人格魅力的吸引力。我们学习于漪老师，不仅是在学习一种思想、一套方法，也是在学习一个人，一个完整的、大写的人。而教育的最终目的，从小学到大学，都是为了培养出一个完整的、大写的人。

1947年，于漪老师参加了复旦大学的入学考试。从那时到今天，时间跨越了半个多世纪，但在我们的感觉中，于漪老师好像从来都没有离开过母校，她的思想、情感和母校是融为一体的，她的教育理念和复旦精神是一脉相承的。

载《中国教育报》2010年10月20日

目 录

第一部分 文化视野

语文:要看古今中外 / 黄荣华 ………………………………………… 003

语文:要辨真善美丑 / 陈　赣 ………………………………………… 009

语文:要突破"术"的桎梏 / 黄荣华　王希明 ……………………… 015

语文:须立"现代文明人" / 谭轶斌 ………………………………… 023

拒绝重复自我 / 耿慧慧 ……………………………………………… 029

语文教师要自觉地讲"中国话" / 沈一敏 ………………………… 035

站在世界文化的天空下 / 李　琳　魏一营 ……………………… 041

语文教师首先要成为"现代教师" / 丁　鸣　陈红波 …………… 047

力求革故鼎新,保持文化思辨力 / 王　林 ………………………… 054

剔除守旧封闭,增强文化内驱力 / 张贤臣 ………………………… 059

立足教育实践,更新文化认知力 / 樊　阳 ………………………… 064

语文教学须着力于提高学生文化判断力 / 兰保民 ……………… 071

语文本无适俗韵 / 金　中 …………………………………………… 079

注重自我个性,反对教育的从众化 / 王晓燕 ……………………… 086

主张公益价值,反对教育的利益化 / 钱　春 ……………………… 091

体现普世意识,建语文多维教学之体系 / 邹一斌 …………… 098

眼中有文章,胸中有丘壑 / 胡　凌 …………………………… 105

在"入"与"出"中提高学生的批判性思维品质 / 肖建民 ……… 111

语文:要谈理想信念 / 顾燕文 ………………………………… 117

语文:关注"人"的生命成长 / 孙宗良 ………………………… 123

陶冶情操　提升境界 / 曹　刚 ………………………………… 130

没有厚积,何来薄发 / 魏新磊 ………………………………… 136

做守护母语的使者 / 陆宏亮 …………………………………… 143

教师:需要仰望星空 / 任其斌 ………………………………… 151

第二部分　课程意识

把"人"放在哪里? / 黄荣华 …………………………………… 161

为学生的发展奠基 / 耿慧慧 …………………………………… 167

为母语教学点穴 / 谭轶斌 ……………………………………… 173

语文教师应该站在哪里? / 顾燕文 …………………………… 179

语文教材应发挥多重功能 / 陈　赣 …………………………… 187

一切从学生需求出发 / 任其斌 ………………………………… 195

让课堂成为生命激荡的现场 / 兰保民 ………………………… 202

第一部分 文化视野

语文:要看古今中外

上海复旦附中 黄荣华

于漪课堂

《拿来主义》教学片断〔1979年12月28日杨浦中学初二(1)班〕

(预备铃后,师生齐背《扬子江》、《示儿》、《枫桥夜泊》、《饮湖上,初晴后雨》和《题西林壁》)

师:我们同学课外阅读的兴趣很浓,阅读的范围也比较广泛。我初步统计了一下:半个学期以来,全班同学看的书籍杂志种类,多达67种,科技的作品不说,就是中外文学作品,也有270多本,也就是说,这个学期平均每个同学已看了课外书籍5本左右。有一个同学看得非常多,连杂志带书籍共四十几本。书的种类也是很多,譬如说,有唐宋诗词,有《三国演义》、《水浒》、《红楼梦》,还有同学看"西厢",(学生笑声)是《西厢记》,我曾借这位同学的来看了看,是"王西厢"。还有同学看明清笔记小说,是选译的。外国文学作品也看了不少。有的看列夫·托尔斯泰的《安娜·卡列尼娜》和《战争与和平》,巴尔扎克的《高老头》,听到过吗?〔生(集体):听到过。〕还有看雨果的《悲惨世界》,等等。总而言之,古今中外的作品都有。对古代的和外国的文学作品,对这些文化遗产,我们

滋润心灵的文化

在接触的时候,看的时候,应该采取什么态度呢?——今天我们学习鲁迅先生的《拿来主义》,从中可以受到启发,得到教益。

视点:30年前的书单

上面是于老师30年前给初二学生的上课实录。本来初二《语文》没有鲁迅先生的《拿来主义》,但于老师觉得有必要学习,于是在课堂上给学生补充了这篇经典作品。必要性至少有二:一是老师已经引导学生读了很多书,现在需要从理性上给学生一种引导,引导他们更自觉地读更多的书;二是中国的改革开放1979年刚刚起步,怎样对待人类(中外)的文化遗产,整个社会的意识都还比较模糊,初二的学生更是如此,这篇文章能使他们模糊的意识清晰起来,知道"应当采取什么态度"。这体现了教师重要的文化导引作用。

从这节课的导入部分,我们还能看到于老师对学生的另一重文化导引意义:引导学生广泛涉猎古今中外的经典作品及当时的各种杂志。在我看来,这些经典作品和杂志是30前的一份重要书单:67种,包含科技与文学;中外文学作品270多本,有唐宋诗词,有《三国演义》、《水浒》、《红楼梦》、《西厢记》、《安娜·卡列尼娜》、《战争与和平》、《高老头》、《悲惨世界》。半个学期全班每个同学平均已看课外书5本左右,最多的同学有四十几本。

这份书单的重要性在于:广泛涉猎,大量阅读,人文与科技并重,经典与时文统一,古今中外统一,共性与个性统一。它近乎是一个完美的语文阅读境界。这一境界的背后,有学生旺盛的求知欲,有教师精湛的导引术,更有教师阔大的文化视野。但这三点不是并重的,前两点需要后一点支撑。有广阔的文化视野,才可能自如地引导学生在广阔的文化之原上奔驰。教师自己文化眼光局促逼仄,怎么可能引导学生在文化的莽原林海穿行?

由此,也更能理解于老师的课堂、文章、报告为什么总是能够在古今中外的文化典籍中自由出入,更能理解她为什么一直强调语文是人文性与工具性的统一,更能理解她近些年一直呼唤着语文教育从片面追求符号意义的技术教育中走出,去真正关心学生的心灵世界。

思考:假如是在今天

这份书单假如是在今天出现在某所学校初中二年级的某个班级,那这个班级就一定非常非常"另类"了。

一、这个班级的语文教师必须具有广阔的文化视野,并且能抵抗住来自学生、家长、其他科任老师的压力。非常遗憾的是,这样的语文教师现在很难找到。

二、这个班级的学生多数必须是从小学就养成了广泛阅读的习惯,且能抵抗住整个时代娱乐化生活的诱惑。否则,即使教师有视野,且能顶住压力,也很难实现教育理想。现实的情境是,这样的学生群体很难形成。

三、这个班级所在的学校必须允许这个班级的语文考分暂时(可能)不如其他班级,而是对它抱有更长远、更理想的教育目标:学生的语文素养全面提升。但在功利主义教育支使整个教育的大背景下,很难找到这样的学校,哪个校长都害怕哪一次考不好而丢了乌纱帽。

鉴于上述三点,这份书单出现在今天的某所学校初中二年级的某个班级的假设,是根本不可能存在的!

那么今天中学语文教育的"文化视野"是怎样的情形?

没有"古"。这样说是要挨骂的,语文课本收录了那么古诗文,怎么能说没有"古"?但我要说,收录了古诗文,不等于就有了"古",如果不能把它们当作"古文化"来学习,就是没有"古"!试问,有多少老师真正将这些古诗文当"古文化"来教?绝大多数只是为考试而教。所以,有极端的老师为了全班学生的古诗文默写得满分,便让全班学生重复做默写练习几十次!这样的"野蛮学习"之下还会有"古"吗?

没有"今"。这样说也是要挨骂的,学那么多现代文,不是"今"吗?我说很多时候都不是!"今"是什么?至少应当有现代人的现代意识吧,平等性、独立性、个性……都应当在里面吧。汲汲于分数,永远扣住考点"挖掘"文章的"教学价值",还振振有词地诱导学生去死记一些所谓的应试技巧,这是"今"吗?

没有"中"。学的就是中文,说的就是中国话,怎么没有"中"。我说,如果一个学生失去了对"中文"的热爱,就是没有"中"。试问语文老师们,您教的学生里还有多少同学真正地热爱"中文"?在我们共同的"摧残下",他们很少有人还能坚持说:我热爱"中文"。

没有"外"。外国作品本来就少,再被我们的考试"千刀万剐",外国文化几乎就不剩什么了!

在这样的教育中,文学失去了文学的价值,经典失去了经典的意义,传统失去了传统的作为,文化自然也就无处安身。语文教育应当传递的高雅情怀、审美情趣、开放品性,被肤浅快乐的"流俗文化"所代,被私我化的"功利文化"所代,被专制主义很浓厚的"应试文化"所代。30年前于漪老师班级所呈现的那种广阔的文化视野,在今天的许多班级中已是荒漠一片——

在社会整体性"享乐至死"、"娱乐至死"的温柔之风的熏染中,孩子们本来就不强的吃苦精神、勤奋精神、受挫心理、恻隐心理、担当意识、忧患意识、批判意识等,几乎没有了存活之地。

在社会整体上崇尚竞争的环境中,大多数小孩子在"莫输在起跑线上"的教育启蒙下开始竞争之路。于是,从幼儿园甚至托儿所开始,他们就处在一个"争"字环境中:争班干部,争第一名,争老师表扬,争同学夸奖,争各种表现机会,争各种获奖机会,争各式各样五花八门的"红旗"……于是,他们不会放过一切对自己有利的东西。于是,"孔融让梨"也可能成了他们想象中的一种"争"取名与利的方式与手段。

随着"三片"(薯片、芯片、大片)长大的孩子们喜欢的是文化快餐,是电脑游戏,是那些外来的东西。他们吃"肯德基"("麦当劳")、喝"可口可乐"、穿"牛仔服"、看"好莱坞"、听"格莱美"、过"圣诞节"、玩"迪斯尼乐园"……吃喝玩乐,从物质享受到精神消费,都在西化,在美国化,或者说在自觉不自觉中"努力"去中国化。许多孩子言必称西方,了解西方远甚于了解中国,对自己的信任指数远低于对西方的信任指数。

……

我真的不愿相信上面描述的情景是真实的,但真实就呈现我的眼前,我没有说谎!也不敢说谎!

愿景:期望执著的守护者不断涌现

但是,我没有失去信心!毕竟,在一片荒漠中还有绿洲在。

于漪老师就是绿洲。像这样的绿洲还有一些,如复旦附中的黄玉峰老师,如南师大附中的王栋生老师,如深圳中学的严凌君老师……他们都是文化的执著守护者,虽然他们守护的园地大小不等,特色各异。

我们期待,更多这样的绿洲守护者不断涌现。

众所周知,孔子的最伟大之处,就在于他对礼乐文化的孤独而执著地守护。孔子所处的时代"礼崩乐坏",孔子从事的伟大事业就是"复礼"——恢复"周礼"所规定的行为规范,实现天下大治。他无论是周游列国"干十余君",还是回到故里整理典籍、著作《春秋》,都是在守护他心中那至高无上的礼乐文化。因为孔子的守护,使我们今天依然得以从远古的礼乐文化中受益。特别是为了使自己"复礼"的美梦成真,孔子针对那个时代物欲横流的特点,提出了"克己"的主张,并以"仁"作为"克己"的核心约束,达到个人道德意识的自觉与自立。孔子在守护礼乐文化中所倡行的这种"仁道",已成为中华文化生命中最温暖、最温润的部分,几千年来一直滋养着中国人的心田。

今天,在全球化席卷世界之时,在多元文化大碰撞之时,语文教育应

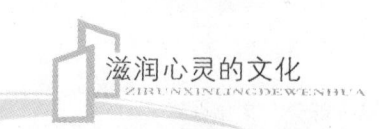

当有怎样的"文化视野"？我想，越是在这样的时候，越需要勇敢者坚定地站出来，放眼古今中外，守护其应当拥有的文化。也许，这样的守护会显得孤独，但愈是孤独，愈显其巨大的存在价值与深长的启迪意义。

我期望涌现更多的经典守护者，坚定地守护经典在语文教育中的教育意义，使古今中外的各式经典成为孩子们走出人性"暗洞"的接引之灯。

我期望涌现更多的文学守护者，坚定地守护文学在语文教育中的教育价值，使古今中外的文学作品成为孩子们孕育美心、走向善地、到达慧境的心灵之梯。

我期望涌现更多的传统守护者，坚定地守护优秀传统在语文教育中的教育作用，使中外优秀传统成为孩子们融入世界的坚实的生命基座，成为孩子们创造未来的坚定的支撑。

我还期望，所有的守护者们在守护的过程中，以勇气和智慧，走出封闭，走出门户，手拉手，心连心，将一个个绿洲扩大开去，连接起来，创造一个春风涤荡的语文教育的绿莽原！

语文:要辨真善美丑

上海市松江区教师进修学院 陈 赣

于漪课堂

《荔枝蜜》教学片断

师:对。这个"颤"字拎起了这一段的抒情和议论。蜜蜂是这样的,那么劳动人民呢,我们一起读一读看。

(生齐读"透过荔枝树林……"一段)

师:"为自己,为别人,也为后世子孙酿造生活的蜜。"其实,这一点我们平时都能感受得到,如果没有农民种地,我们吃什么?工人不织布,我们穿什么?没有各行各业人的辛勤工作,我们怎么发展啊?怎么生活啊?因此他们都是在酿造生活的蜜。其实作者又何尝不是如此呢?作者是谁啊?

生(齐):杨朔。

师:他在"文化大革命"中被迫害致死,可是他写的文章,有《杨朔散文选》等,许多文章就是酿造生活的蜜,是留得芬芳在人间,至今我们读它还在受教育,受启发,对吧。由此我就联想到高尔基曾经给他儿子写的一封信,信里所表达的思想和《荔枝蜜》所表达的思想是如此的相似,

我们记一记好不好？他是这样说的：

你走了，可是你栽下的花却留了下来，在生长着。我望着它们，心里愉快地想：我的儿子动身以后在卡普里岛留下了某种美好的东西——鲜花。

要是你在任何时候，任何地方，自己一生留给别人的都只是美丽的东西——鲜花、思想、对你非常好的回忆——那你的生活将会是轻松和愉快的。

那时你会感到所有的人都需要你，这种感受会使你成为一个心灵丰富的人。要知道"给"永远比"拿"愉快。

视点：假如我们今天再教《荔枝蜜》

这是于漪老师上世纪80年代的一个课例，今天看这个教学录像片段，我们还是会有深深的感动，为师生那份纯真的、朴素的、美好的感情。文章的主旨是显豁的，其运用托物喻人手法，借歌颂蜜蜂赞美劳动人民的奉献精神，"对人无所求，给人的却是极好的东西。"对此，上世纪60年代和70年代的人可能都会有清晰的记忆，我们往往还能记住其中的只言片语。

今天读于漪老师的这一课例，我们仍然真切地感到学生深深沉浸在文本的氛围之中，被蜜蜂的精神所打动，真正是心中"不禁一颤"！本来，这样一篇文章的主旨很容易概念化、抽象化，但是对于"为自己，为别人，也为后世子孙酿造生活的蜜"这句话，于老师却给予学生生动感人的阐释：一是联系现实。看看我们周围的人，"如果没有农民种地，我们吃什么？工人不织布，我们穿什么？没有各行各业人的辛勤工作，我们怎么发展啊？怎么生活啊？"这句话把文章那句经典名言一点点化开，浇注在学生的心灵深处。二是联系作者。对作者的介绍恰到好处，点到为止，让学生感受到作品就是他们酿造的蜜，从而自觉主动地品尝作品的甜蜜。三是联系经典，给学生朗诵高尔基写给儿子的一封信。如果说《荔枝蜜》还有一些时代的印记,但是它所表现的思想和精神却是超越时代,超越国度的,因为它与高尔基信中所表现的情感是一致的。高尔基信中的内容今天读来仍然让人感动不已,这封信的朗读将课堂的情感推向高潮,引领学生的精神走向高处,使学生的心灵丰富起来。

从于老师对这句话的分析中,我们看出她努力让学生感受作品所反映的精神境界,所传递的美好感情。在被课例打动的同时,我不禁又设想,如果《荔枝蜜》放在今天教学效果会怎样,教师会怎样组织教学,又会教给学生什么。《荔枝蜜》已经成为"老课文",不少初中语文教材已经将其删去,删去的缘由我们还无法完全弄清楚,只是不少人觉得文章有矫饰之嫌,杨朔的拐弯艺术也被一些评论者诟病,文章表现的主旨也被一些人视为"太小儿科",甚至有人说这篇文章应该像鲁迅《拿来主义》中所说的"烟枪"和"烟灯"一样,丢进历史的垃圾桶。于是我们越来越不屑于学习这样的文章,我们觉得文章所表达的真善美的感情已经与时代格格不入,如果让我们再带领学生学习这篇文章,也很难会有于漪老师的课堂效果。

不可否认,作者杨朔在文中表达的情感是真实的,于漪老师课堂中的师生情感是纯真的,而且于漪老师对作品的分析是很有感染力的,即使今天读来也令人感动。因为于老师超越了对作家作品的简单介绍,超越了对作品艺术手法的粗糙分析,超越了对作品主旨的概念阐释,而以文化眼光领略作品的精神意义,提升了学生的精神品质。

思考:我们是否模糊了真善美与假丑恶?

今天是一个文化混杂和文化碰撞的年代,多样化的文化冲击我们的视野,多元化的思想获得兼容并包,与此同时,我们的文化追求却面临着前所未有的挑战,经典作品的价值和意义被无序解构,大众传媒表现出来的文化取向趋于混乱,甚至真善美丑的判断标准也逐渐模糊。我们正处在文化的十字路口,难以分辨语文教育的方向,甚至正在一步步背

离教育的本质。对此,教育学家贾馥茗这样说:"后世教育空言无实,不以教人为务,而以虚华为装饰,因而'善不见长'而'恶行充斥'。"

也曾经看到一则课例,一直觉得不吐不快。教师带领学生分析祥林嫂的死因,学生认为因为祥林嫂没有朋友,盲目轻信,不善与人沟通,不通人情世故,不注意自己的寡妇身份,"祭祀时不让你插手,你就别插手,反正又不扣工钱"。这样的分析已经完全脱离小说人物生活的社会背景,其荒谬不言而喻。祥林嫂真的不愿意与人沟通吗?她不是到处在说阿毛的故事吗?她捐门槛的事情不是也跟柳妈说了吗?祥林嫂真不注意自己身份吗?不注意身份也不会捐门槛了。年纪轻轻的学生也认为寡妇要注意身份,可见封建意识的流毒有多深!学生的回答只能证明他们根本没有理解祥林嫂,是对作品的严重扭曲,可悲的是我们的老师还在说:"分析得很有道理。"甚至最后师生讨论的结果竟然是:杀害祥林嫂的凶手是鲁迅!(《语文教学通讯》,2007年第2期)

这体现了当前学生的价值混乱状况,他们在伤痕累累的祥林嫂身上又狠狠地踏上了一脚。为了追求作品的个性解读,他们往往容易偏离审美的轨道,甚至滑向审丑的阴沟,造成真善美与假丑恶的错位。面对这样的教育现状,我们语文教师应该有怎样的作为?于漪老师认为"社会不是真空,它总是有真善美和假丑恶。作为教师,他代表着最先进的文化,是做人的模范,做人的榜样,因此他追求真善美,抵御假丑恶,这在世界教育中,古今中外莫不如此。"

遗憾的是语文教学中真善美的因子正在一点点减少。语文教师不再有真实的思考,往往是照本宣科,我们学生的作文空话假话连篇,即使是"真实的表达",又未必是有品位的真实,与"美善"相去甚远,"千教万教教人求真"何其难哉?再看,我们语文教材中善良人物的崇高力量正在争论中被消解,哈尔威船长与船共存亡的伟大形象被认为是对生命的不珍惜;智慧忠贤的诸葛亮被认为毫无民本思想,《出师表》应该从教材中删去;贝尔曼用自己的生命拯救琼西的壮举被质疑为值不值得?善行难以打动学生是我们面临的无奈。可怜的审美又是怎样呢?汉字的美丽在一遍遍罚抄中消失,唐诗宋词的优美在背诵默写中消耗,优秀的文学作品在阅读训练中被肢解……语文教学中的真善美是我们无法分清,还是没有发现?我们"身在庐山"逐渐麻木。

更为严峻的问题是,语文教学中对于真善美的认识未必是非此即彼式的黑白分明,以文化的眼光关照语文教学的取向,我们必须要有更高的要求,要有更深邃的洞见,要能够对文化现象进行剖析,分辨文化的雅俗、高下和文野。面对各种各样的文化现象,我们习惯于存在就是合理,很难抽象一个标准进行衡量和评价,但是对于人类来说,对于什么是对,什么是错,什么是真善美,什么是假丑恶,应该有一个最基本的共识,或者是普适性的标准,这是人之为人的重要原因,但我们往往是无所适从。特别是作为语文教师来说,我们应该有一个主流价值的判断,应该符合知识分子的良知和责任,从而完成一个教育者的神圣使命,但我们往往成为另一种价值的附庸。

同样是《荔枝蜜》这类的老课文,因为有时代和个人的局限,今天的学生可能会对蜜蜂的奉献精神提出质疑,这是他们的率性而真实的想法,但是,当所谓的"真"与"善"相悖的时候,是护"真"还是守"善"?我们往往无所适从,而于漪老师的做法是:嗅到一点芳香,就引领学生走进花丛,将芳香留在学生的心底,做一位幸福的"种花"人。

这是于漪老师独到的文化眼光,是充满智慧的教学法,是高远的精神境界。她以全身心的情感投入,营造感人的课堂氛围,她的话语直击学生的灵魂深处,提升学生的心灵刻度。于老师这一经典课例启示我们:在文化的百花园里,有鲜花,也有杂草,语文教师要有文化的眼光,要有品格的坚守,不仅能够分辨花草,更能在文化荒原上种植鲜花,呵护鲜花,做一位幸福的种花人。

愿景：让语文成为"目的国"

教育就是提升人的精神境界。于老师经常引用古希腊柏拉图的话："把人从洞穴里引出来，把灵魂向上牵引"。《中庸》开篇写道："天命之谓性，率性之谓道，修道之谓教"，这里"性"是"人性"，"率"是"引导"，教育的终极目的是"率性修道"，是引导人性求真、向善和崇美。我们的教育应该不再把教育仅仅当做获取知识的手段，更不能够把教育当做获取金钱地位权势的手段，我们的教育应该是把塑造真善美的理想人格作为目的。朱自清在《教育的信仰》中说，学校成为"目的国"，才有真教育可言！那么，只有当语文成为"目的国"，才有真语文可言。

于老师曾经描绘过语文教学达到真善美和谐统一的美好境界："教学就是求真，教师真爱学生，真倾心于语文，真受到课文中优美的景物、崇高的思想、精辟的见解、珠玑的语言的感染，必然精神抖擞，真情实意地伴随着语言流淌，叩击学生的心扉，在学生心灵深处弹奏，引起悦耳的共鸣。"(《以情激情，体验感悟》)当我们的语文教师将真善美的种子播种在学生的内心，崇高的诗性，高雅的文化就会真正濡染学生的心灵，语文的"目的国"就会繁花似锦，馥郁芬芳。

语文：要突破"术"的桎梏

上海复旦附中 黄荣华 王希明

于漪语汇

"在教学实践中我体会到：要提高课堂教学质量，绝不能'闭塞眼睛捉麻雀'，要胸中有书，目中有人。"①

"教师不能站在学生世界的外面观察，要站在学生世界之中眼观耳听，搭准他们的脉搏，了解他们的思想、性格、情趣、爱好、知识、才能，长善救失，因势利导，使他们的潜力，使他们的聪明才智健康地充分发展。"②

"长期以来，语文教育界强调语言的工具性，这无可厚非。然而，它绝不等同于一般的生产工具，如机器或犁锄；也绝不等同于一般的生活工具，如筷子或拐杖。……符号因意义而存在，离开意义，符号就不成其为符号。就是说，语言不但有自然代码的性质，而且具有文化代码的性质；不但有鲜明的工具属性，而且有鲜明的文化属性。"③

"学科教学重'术'轻人，重知识技能的传授与训练，聚焦解题答题应考的能力，轻视人的全面培养与发展，片面的教育质量观偏离了育人的大目标。"④

"教语文,须站在文化的平台上。"⑤

视点:于漪的"破"与"立"

从上述于漪老师的一系列言论中,我们可以清晰地看到,于漪文化眼光的一个重要特征是"破"!"破"而后"立",边"破"边"立","破"中树"立"。

1960年代的语文教学强调"双基"(基本知识与基本技能),上海语文界将其归纳为"字、词、句、篇、语、修、逻、文""八字方针"。于是,语文教师们无论上什么课文,都以此为指针展开教学,将教学内容拆解为这几方面,甚至缺一不可。于老师说"绝不能'闭塞眼睛捉麻雀'"就是要"破"除这种不问教学内容、不问教育对象,而"照搬照抄"的教条主义教育行为。与此相对,于老师提出了"要胸中有书,目中有人"的重要观点,它"立"的是以"育人"为落脚点的具体问题具体分析的辩证教育思想。

1980年代,语文教育有了一些变化,最重要的表现就是开始关注学生需要了。但很明显,多数教师的"关注"只停留在表面,只停留在教师自认为学生需要的"语文知识"、"语文技能"方面,而很少"关注"学生的内在需要。于老师说"教师不能站在学生世界的外面观察"就是要"破"除这种不明就里、不究其实,而"见风就是雨"的懒汉作风。与此相对,于老师倡导"站在学生世界之中眼观耳听,搭准他们的脉搏,了解他们的思想、性格、情趣、爱好、知识、才能",它"立"的是以"'人'的发展"为落脚点的深入研究学生、增强教育针对性的求实、求真的教育思想。

1990年代,全国语文教育界针对语文学科的性质问题展开了一次大规模的长久的争论,这实际上是语文学科自我觉醒的一次表现。于漪老师作为"觉醒者"的一个重要代表,1995年发表了《弘扬人文,改革弊端》一文,指出了"工具论"的弊端,全面阐述了语文学科"人文说"的基本观点。她指出:"长期以来,语文教育界强调语言的工具性,这无可厚非。然而,它绝不等同于一般的生产工具,如机器或犁锄;也绝不等同于一般的生活工具,如筷子或拐杖。"这是"破"!它"破"的是统治中国基础语文教育几十年的"工具论"。她强调:"语言不但有自然代码的性质,而且具有文化代码的性质;不但有鲜明的工具属性,而且有鲜明的文化属性。"这是"立","立"的是语文学科"人文说"的支柱。

进入21世纪,"应试教育"已全面统治了中国基础教育,应试"术"满天飞。《于漪新世纪教育论丛》全套六种(《呐喊》、《坚守》、《超越》、《凝望》、《启智》、《反思》)七十余万言,可以说很大一部分内容就是从不同的角度对"应试教育"弊端的抨击,对素质教育的呼唤。"学科教学重'术'轻人,重知识技能的传授与训练,聚焦解题答题应考的能力,轻视人的全面培养与发展,片面的教育质量观偏离了育人的大目标。"这是"破"中树"立"。"破"的是1980年代以来逐步形成起来的、以抹杀学习者主体意识为主要特征的"应试教育"行为,"立"的是全面育人的大目标。"教语文,须站在文化的平台上。"这是"立"。这是于漪老师在一路"破"除之后,树立起来的语文教育总纲。

从1960年代到2000年代,前后50年的时间,于老师就是在这一次一次的"破"与"立"中走来,走到语文教育的高地。当我们把于老师的"破"与"立"简略梳理一下后,我们发现,她总是能在"术"的桎梏中破门而出:破"双基"桎梏,破"工具论"桎梏、破"应试教育"桎梏,且边破边立,立而有据,立而有理,立而有道。

于老师何以做到这些?因为在她的眼中,在她的文化理解中,从来都是"术""道"统一,从来就没有脱离"道"而存在的"术"。所以她说:"一个不深入探究'道'而只注重'术'的教师,是不可能成为一个优秀的教师的。"⑥

她深入探究的"道"是什么呢?概括起来有两层意思:教师层面指教师的一切教育行为都指向"育人"、指向"人"的发展的教育思想与教学理念;学生层面指向"学生的思想形成、道德培养与人格锻造等"。⑦前述

引言中的"立"即是具体证明。

思考：为什么"以'术'驭教"难以突破？

尽管有像于老师这样的教育大家在不断"突破"，不断地"呐喊"，不断地"引领"，但今天的语文教育事实上已经整体上进入了"应试术"满天飞的时代，进入了一个"以'术'驭教"的时代。到处可见的情形是，多数教师心里都很明白不能仅重"术"不顾"道"，但在实际行动上却只有"术"没有了"道"。

那么，到底是一种什么力量促使语文教师一定要采取"有'术'无'道'"的教育行为？这需要从"术"（"知识"与"技能"）形成的历史中寻找原因。

从百年现代语文教育看，语文界一直将文章理解为"独立成篇的有组织的文字"⑧，主要从文本形式——篇章体式及其组织结构的角度研究、探讨、教学文本。从共和国60年语文教育情况看，这又大致可分为两个阶段：2000年（上海地区1996年）以前大体按文体（记叙文、议论文、说明文）组织教学，教材以文体单元形式出现；2000年（上海地区1996年）以后大体按文本生成形式（刘勰所云"因字而生句、积句而成章、积章而成篇"）组织教学，教材大体从"语言（品味）"、"句子（分析）"、"思路（探究）"、"主旨（把握）"、"文学（鉴赏）"这些角度组织单元。2006年以后，上海地区兼容"主题"与"文体"组织教学，教材编写以"主题"单元以为主、"文体"单元为辅，但课堂教学面貌与先前相比没有实质性变化。总的说来，现在全国各地基本上是从"词、句的品味"、"思路与结构的把握"、"中心的把握"、"写作特点的分析"、"作品的鉴赏与评价"几个方面进行文本解读。这从各地制定的《语文学科教学要求》以及各类语文考试卷中看得非常清楚。

由上不难看出，2000年以前重文体知识的教学，2000年以后重文本形成知识教学。但无论重视哪一方面，都是侧重从文本形式的角度理解文本,侧重从文本形式的角度探讨文本生成"规律",并将这些"规律"看作解读文本与文章写作必备的有效的"知识"与"技能",因而将其作为教学的基本内容教授给学生。

在叶圣陶先生"教材无非是例子"名言的推动下,多数时候文本被解读成这些"知识"与"技能"的证据。这样,这些"知识"与"技能"就会被从小学到高中的文本解读课与写作指导课反复证明。如写景文本,常讲"情景交融"的妙处;咏物文本,常讲"托物言志"的妙处;讲句子,常讲"承上启下"之类知识;主旨归纳,多用"通过……,表现了……,赞颂了……"之类的固定形式……

随着1980年代中国应试教育局面的形成,这些"知识"与"技能"成了教师展示"才华"、"征服"学生的重要的手段(以前用"知识点"指称这些知识与技能,高中共有"知识点"120多个,并用所谓"知识树"将这些"点"全部统摄起来。现在不这样提了,但大家心照不宣,上课依旧这样做);学生尽管在课堂上无精打采,但因为这些"知识"与"技能"是考试的基本内容,最后也不得不投入精力"复习",用一套一套题目"练习"着用这些"知识"与"技能"答题与写作,以获取自己必须的分数。这样,在教师自觉或不自觉的"谋划"与学生主动或被动的"配合"下,这些所谓的文本解读与文章写作之"术"就牢牢控制了整个语文教育,似乎谁也无法逃离。

概括起来,我们可以看到语文应试"知识"与"技能"形成的轨迹——

百年建构起来的现代语文教育思想体系主要从文本形式的角度认识、理解、开掘、使用文本的教育价值→具有普遍意义的文本"规律"(有一些是伪规律)成为语文教育必须落实到课堂的重要"知识"与"技能"→这些"知识"与"技能"变为文本解读与文章写作教学的"知识"与"技能"→文本解读与文章写作教学课成为用文本印证、传授这些"知识"与"技能"的课堂→代代相承,相沿成习,视这些"知识"与"技能"为"真

理";1980年代形成的应试教育(抹杀学习者主体意识的教育)需要可供评价应试者优劣的学习"知识"与"技能"→具有普遍意义的文本"规律"顺理成章地被应试教育选中为可供评价应试者优劣的学习"知识"与"技能"→应试教育的强大力量,迫使教师自觉不自觉地以教授这些"知识"与"技能"谋生,迫使学生学习这些"知识"与"技能"去适应以这些"知识"与"技能"为基本内容的考试,获取自己所需的分数→整个语文教育界都被牢牢控制在这些"知识"与"技能"之内。

愿景:教师们站在文化的平台上,"以'道'驭教"

难道真的没有可能"突破"应试"术"的桎梏?

回答当然是否定的。这样的回答表达了教师个体努力在这里的意义:作为教师,如果能真正从文化理解的高度认识到"道"的意义,就一定会变"以'术'驭教"为"以'道'驭教"。

"道"在这里至少有两层意义:第一层是"道"包含"以'文'育'人'"的教育理念,即站在由文章的个性化内容与个性化形式共构而成的"文化平台"(即文本传达的作家个性化的思想、情感与审美情趣)上育人;第二层是"道"的教育寓含"术"的教育,学生只要真正"悟'道'"了,就一定会"明'术'"。

以李白《玉阶怨》为例:"玉阶生白露,夜久侵罗袜。却下水晶帘,玲珑望秋月。"若能站在诗作的个性化内容与个性化形式共构而成的"文化平台"上,我们可以发现诗作下列两个明显特征:

借美人之待写诗人高洁之待。选用了"玉阶""白露""罗袜""水晶""秋月"这样一连串蕴含"高洁"意味的意象,构成了一个冰清玉洁的世界。然后用一个"望"字将"美人"(美好理想的象征)与"明月"(高洁的象征)联系起来,以高洁之人望高洁之月的形象托出诗人内心的高洁之待。

写人于无,写心于空,写形于永恒,留下了广阔的艺术想象空间。以

"罗袜"代人,这女子是如何容貌,并未正面描写,让读者去想象;"却下"还"望",虽没有心理描写,却在最简洁的动作中呈现了这位女子"欲寝难眠,且望还空,空而有望"的单纯而复杂的心理;"秋月"高悬,美人隔帘相"望",诗作最后就定格在"美人隔帘'望秋月'"的形象中,成为一种永恒。每位读者都有可能从无中得有,从空中落实,使形立于永恒。

为这首诗所独有的这两个特征,使得这首诗不仅有别于其他诗人的诗作,也有别于李白自己的其他诗作,成为诗歌艺术中永恒的"这一首"。倘若语文课在解读时是引导学生探求这两个特征,学生就既可以很容易理解一般意义上的"意象丰富"、"意境优美"、"形象生动"、"情景交融"这些"知识",又能真正获得"这一首诗"的艺术享受。也就是说,他们在"悟""这一首"诗作之"道"的教育中自然地会"明""这一首"诗作(甚至所有相类诗作)之"术"。

因此,作为教师,一定要大胆转变观念,践行"以'道'驭教"的理念,使自己尽快从"以'术'驭教"的桎梏中摆脱出来。

当然,要实现所有教师都"站在文化的平台上""以'道'驭教"的愿景,完全靠教师的自觉是不现实,是不可能的,这就需要基础教育的方方面面,甚至包括全社会的努力。当哪一天作为语文教育最具影响力的"指挥棒"——高考语文试题,突破了以文本形式认知为主的考察模式,而真正切实地关注文本个性化内容与个性化形式共构而成的"文化平台",那么,整个语文教育摆脱"以'术'驭教"的桎梏,最终走向"以'道'驭教"的春天就会到来。

我们知道这并非是短时内可以完成的变革,需要一个较长的过程。但我们依然期待着。

注:

①《把语文课上得实惠一些,朴素一些》,《上海教育》,1964年第

5期。

②《素质·能力·智力》,《语文学习》,1989年第1期。

③《弘扬人文,改革弊端》,《语文学习》,1995年第6期。

④、⑤《于漪新世纪教育论丛》之《超越》,第36页、第1页,广西教育出版社,2008年版。

⑥《于漪与教育教学求索》第42页。

⑦《于漪与教育教学求索》第42~45页。

⑧《辞海》。

语文:须立"现代文明人"

上海市教委教研室　谭轶斌

于漪课堂

《最后一课》教学片断

生1:(朗读)"……啊!这是最后一课,我真永远忘不了!"

(录音机里传出"铛、铛……"12响,沉重、遥远,学生惊诧)

师:(出示韩麦尔先生写完"法兰西万岁"后的彩色图片),请同学们:

(1)图文对照,仔细观察,仔细阅读;

(2)在理解的基础上用饱含感情的语言描述课堂上庄严肃穆的场景;

(3)描述韩麦尔的神情、语言、动作以及他内心的痛楚和期望;

(4)描述此时此刻小弗朗士的心情和感受;

(5)说明这个场景在文中的地位和作用。

生2:这是一个令人心碎的场景,确实,令人心碎。

生3:教学的钟声、祝福的钟声、普鲁士士兵的号声,是驱赶韩麦尔出课堂、出学校的最后信号,所以他难过到极点,脸色惨白。

生4:他心里乱极了,他要和同学们作最后的告别,但痛苦使他的喉咙哽住,不能用语言表达。"我的朋友们啊",这样称呼,说明他对同学、对镇上的人爱极了,留恋极了。

生5:他只向学生做了一个手势,什么话也不说,其实,坐在教室里的人心里都明白,韩麦尔被迫离开学生,离开家乡,他痛苦极了。我觉得这里是"此时无声胜有声"。

生6:写"法兰西万岁"两个大字的情景激动人心。这两个大字是韩麦尔使出全部的力量写的,他把丧失故土的痛楚,把对侵略者的仇恨,对自己祖国的热爱,对恢复失地的向往和信念,都凝聚在里面。

生7:韩麦尔的神情,写的字使小弗朗士更加震撼了,他一下子长大了。他从来没这样敬仰他的老师,老师对祖国故土一往情深的热爱使他感动不已。

生8:这个场景是文章的高潮,我要是小弗朗士,这一课我永远忘不了。

生9:我不是小弗朗士,我也忘不了。

师:此刻,我想起了自己的一段亲身经历。日本侵略者的铁蹄长驱直入,家乡的小学即将解散,音乐老师教我们唱《苏武牧羊》,"苏武留胡节不辱,雪地又冰天,苦忍十九年……"老师用"心"在唱歌,唤起我们幼小心灵的觉醒。从此,这首歌不断在我胸中激荡,构成了我生命的一部分。

视点:教出文本的精神

都德的《最后一课》之所以震撼了那么多不同肤色的人,不仅仅在于侵略者占领了土地,还在于他们禁止被征服者使用自己国家的语言,企图借此抹杀一个民族的记忆,并进而通过小人物面对这样惨绝人寰的劫掠所作的抗争,表现一个民族的精神内核和文化的力量。于漪老师执教的《最后一课》之所以深深地打动了我们,不仅仅在于她炉火纯青的教学艺术,更在于她教出了文本的"真精神",让人在这节课的许多点石成金之笔中,感受到了语文的教育功能,用于漪老师自己的话来说,"教育,说到底就是培养人,当今中国的教育当然应是培养有一颗中国心的现代文明人。"(《历史经验与现代生活的融合》)"学语文不是只学雕虫小技,而是学语文学做人。语文教育就是教文育人。"(《弘扬人文·改革弊端》)

为什么当前的有些课"教不出精神"?为什么今日的课堂上,常会出现"生理解剖"——把文章肢解得四分五裂;常会出现"失魂落魄"——忽略了人物的心灵世界和作品的灵魂;常会出现"薄情寡义"——让本该充满情意的语文课堂成了绝情之物?究其原因,在如何处理好语言和精神的关系时,教师缺少了自己的文化眼光,被某些片面的观点所左右。

作为母语教学的语文学科,是一个有着浓郁的民族文化色彩,关系着学生心灵塑造的学科,它肩负着传递民族文化、培养学生人文素质的重要任务。读屈原,我们会感到自己的渺小;读李白,我们会感到自己的狭窄;读鲁迅,我们会感到自己的卑琐。语文课程不仅具有听、说、读、写的工具性功能与价值,同时具备求真、审美、向善的人文性功能与价值。但如今,在某些教师看来,学语文就是学语言文字,更有甚者,把语文教学完全变成应试训练,怎么考就怎么教,考试的内容和样式成为其强有力的教学目标,至于思想素质、道德情操、审美情感的培养,早都被抛到了九霄云外。"今日看来,不是教学内容、教学环节处理不当的技巧问题,而是这类植根于现实生活土壤,作者用激情与生命歌唱的诗文,究竟拿什么来指向学生的心?"(《拿什么直指人心》)于漪老师的话语振聋发聩。

语文教学,一定要让学生深刻了解隐含在语言文字背后的深厚的文化内涵,并对其产生清醒的文化意识。如若语文教师缺少了这样的文化眼光,无视文本的精神,又怎么期待他能把学生培养成"现代文明人"?

思考:关于"自立其则"与"用之者存"

说到立"现代文明人",不禁想起提出"立人"思想的鲁迅先生。先生

从来是主张以自己为主,对自己进行裁判的。他认为,如若要反抗一些东西,最要紧的乃是"自立其则",即自己给自己立标准。

在所有的学科中,语文的学科标准大概是最扑朔迷离的。世界上各个国家对自然科学的评价标准大体是一致的,社会科学在理论模型和研究方法等方面,也较容易达成一致,但各个国家的人文科学却很难有共同的取向与标准,因为其观念和论述都和自己国家的历史文化传统紧密联系,因此,各家形成各家的一套。聚焦到语文学科的性质上,各方人士的争论至今尚未消停。

在这场争论中,于漪老师并不因为自己是一名中小学教师而任人摆布,甚至还不容许让自己的头脑成为一个"跑马场",叫别人思想的马匹胡乱蹂躏。她毫不示弱、旗帜鲜明地提出,"语文课不是语文知识课,更不是某项知识或语言或文字或辞章等知识体系课,但必须重视语文知识的传授……""我们的语文教学一讲到人的培养,有人就讨厌,认为不是语文……学科教学总要为育人的大目标服务,怎能游离于育人目标之外?"(《历史经验与现代生活的融合》)这里,不但有批评,更有建设。新课程关于语文学科性质的定位,凝聚了于漪老师的几多智慧,体现了她独到、深刻的文化眼光。

洪堡说,"语言是世界观",谁能否认语言和心灵、精神的关系不是密切相连?一位旅居海外的中国诗人说,"每当他看到'碧海、沧桑、江湖'这些汉语独有的词汇时,都会莫名地激动,甚至落泪",谁敢说语言背后不是美丽的故乡?于漪老师的"自立其则",绝对不是无来由的,不是拍脑袋拍出来的,也不是靠道德的煽情鼓捣出来的,而是有迹可循,其背后有大量的根据和严格逻辑的审视,有她对语文教育的深刻认识,也有她深刻的公共关怀和忧患意识,这正应了博兰尼的观点,专业的学术只有建构在一个很深厚的"支援意识"上,才有可能形成有思想的学术。

于漪老师来自草根,一直处在"接地气"的位置,她的文化眼光体现在她的躬身践履,有时候甚至是以悲壮的方式身体力行实现的。儒家强调身教重于言教,人师高于经师。其实,无论是体道、政道还是弘道,都应反求诸己,从自我做起,所谓"用之者存,舍之者亡"。于漪老师不为他人的说法所动摇,坚守教育的本性与本体,并努力做到知与行的和谐统一,她的许多教学录像、教学设计就是明证。

今天,有教师教《向中国人脱帽致敬》,仅要求学生体会主人公答辩的机巧睿智和文本层层推进的写法,至于字里行间所弘扬的民族志气、民族自尊和对文化认同的坚持,则成了可有可无的东西,或者只是成为一种点缀和装饰。还有的教师上公开课不愿教《清贫》,即使勉强教之,也只是把目光聚焦在语言描写和行动描写上,不敢让学生从字里行间去体会方志敏甘于清贫的可贵品质,去感受其坚定的革命志向和崇高的共产主义信仰,以为这样的教学会缺失"语文味"。

可以说,在今日的部分课堂上,人文精神的枯萎、终极关怀的泯灭、工具理性的泛滥又开始占上风。当新课程强调"学生是学习的主体"时,很多教师也能朗朗上口说出类似的话语,但是在实际的教学中,又常常漠视学生的情感和精神价值,只关心实用的目的,以及实现目的的手段。在这种情况下,学生早就由主体变成了客体,非但失去了自主性,其作为个体的独创性、想象力也大大缩减,最终造成了主体价值和意义的完全失落。

既然我们承认,今天的我们处在一个人类的生存境况极为尴尬的时代,理想缺失、道德沦丧、心态失衡、个性扭曲……已成为无法回避的问题,那么,为找回失去的精神家园,语文教师就有责任来帮助学生穿越喧嚣、功利的尘世,在含英咀华中读出文本中的人性,触摸一颗颗鲜活的灵魂,从而抛却媚俗,远离浮躁,努力成为"现代文明人"。

有些教师则不同,他们也意识到立"现代文明人"的重要性,但通常

只是在课的结束部分,离开具体的文本内容,或煽情,或作秀,或唱些高调,以此来体现"精神"。其实,在那些华丽的辞藻和机智的修辞背后,只是空荡的灵魂,下课铃声一响,那些东西立即像泡沫一样成为过眼烟云。

愿景:"站在文化的平台上"

余光中先生曾提出过一个很尖锐的问题:"当你的情人已改名玛丽,你怎能送她一首《菩萨蛮》?"此问不由得让我们清醒,语言的背后有着一个民族的集体意识,藏着一种文化的深层编码。语文教育如何更好地引导学生学习母语,学习母语提供给我们的精神养料?

蜚声中外的英语学家陆谷孙先生曾"越界"谈汉语问题,"语言被智者赋予一种超越时空的力量,成为中国传统文化的精神线索。我说留住我们的精神线索,绝不仅仅是从技能层面谈论提高汉语修养,而是要把尊重、敬畏、护卫、热爱母语作为一种文化意识和精神责任来看待。"语文教育如何更好地培养学生"尊重、敬畏、护卫、热爱"母语的文化意识?

于漪老师的话语在今天依然有力——

"文化是语言文字的命脉。教语文,站在文化的平台上,语言文字的表现力、生命力才会闪耀光彩;语言文字才是生动的、鲜活的。"(《站在文化的平台上》)

作为一名语文教师,我们必须明白什么是语文教学的价值追求,必须能对有价值的东西做出正确的判断和处理,这种能力就来自于自身的文化觉醒,有了文化的觉醒,就会拥有文化的眼光,虽然这不是一朝一夕的事。

拒绝重复自我

上海市崇明县教师进修学校 耿慧慧

于漪课堂

《春》教学反思：拒绝重复自我

（教后体会）

在初一下学期，第一次教学生写景散文，着力于细，让学生体会用词的准确、生动，培养学生想象的能力，这个目的基本达到。学生十分喜爱这篇补充读物，学习积极性高涨，争相发表自己的看法。……扩大学生词汇量。……

有些地方教得过于细碎，须改进。

（又教后记）

第二次在别的班级教这篇课文时，《春》已选入教材，吸取了前次教得细碎的教训，重点放在朗读训练上，个别读，集体读，通过反复朗读，使学生体味语言的生动与优美，画面的勃勃生气。内容只作了粗线条的分析，一课时完成。学生读得比较流畅，但在写作上反映出来的效果反不及前次……

要注意，教学必须从学生的实际出发，不能想当然。在纠正教学中的

缺点时，不能把长处也甩掉。

（再教后记）

第三次教《春》时，整个教学构思又作了较大的更改。一是加强了单元教学，把《春》、《海滨仲夏夜》、《香山红叶》和《济南的冬天》结合起来考虑，除抓住特点，比较异同外，引入课文也重新作了设计；二是加强思维与语言的训练。

通过教师示范，学生学会了自读，学生成了阅读的主体，有各自的认识及体会，这是好的。然而，教师在指导方面仍有不足。……

有学生对文章结尾有看法，认为有斧凿痕迹，不自然，我虽表扬了他敢于发表不同意见，但没有展开。学生的看法不无道理。

视点：反省中不断提升

这是于漪老师在《春》教学实践后的三篇反思。

这三篇教后记，是一名语文教师一次又一次毫无保留地对自己教学思想与实践的不断拷问，没有矫饰，没有文过，只有在"拒绝重复自我"中的不断新生，而这就是作为一名语文教师可贵的文化自觉。

在这三篇教后记中，我们可以明显地发现三次课堂教学阶梯式的发展与提升。于老师在第一次教《春》时，"学生的学习积极性高，争相发表自己的看法"，学生课后的习作也比原来"具体得多，生动得多"。照理，课堂教学能达到这样的效果已经是很不容易了，教师可以感到欣慰。但于漪老师意识到"有些地方教得过于细碎"，过多地关注了局部，而忽略了整体，也就是后来于漪老师一直强调"课不能上得支离破碎"，"不能采用嚼烂了知识喂给学生的陈腐方法，不能用'零售'的办法，把'散装'的字词句篇送给学生"。第二次的教学，于老师重点放在了"多层次朗读"上，通过朗读来整体品味文章优美的画面和生动的语言。这一次的教学虽然重视了文本的整体性与艺术性，但文章的内容"只做粗线条的分析"，学生在写景理解上"也是大而化之"。于漪老师深刻地反省："一定要从学生的实际出发"。在这样不断的反省与突破中,我们看到第三次《春》的教学既加强了单元的整体设计,比较阅读,同时加强了思维与语言的训练,第三次实践同时也是"三位一体"的教学实践,即"教师"、"学生"、"教材"的三位一体。正如黄荣华老师总结的"五个'这一'组成:'这一'内容(文本)在'这一'单元面对'这一'学生群体在'这一'阶段的独特价值,就是'这一'课堂的目标。"但于老师仍然保持着清醒的头脑和敏锐的观察力,并没有故步自封,而是看到对待"学生的不同意见","我虽表扬了他敢于发表不同意见,但没有展开"。可以说,于漪老师的反思是坦诚、勇敢、对自己毫不留情面的,也是从不止步停歇的。

我国著名社会学家费孝通先生指出:文化自觉是指生活在一定文化历史圈子的人对其文化有自知之明,并对其发展历程和未来有充分的认识。换言之,是文化的自我觉醒,自我反省,自我创建。

除了《春》之外,在《于漪文集》中,几乎每一篇教学设计后都有"教后记"。这些教后记短的几百字,长的有几千字。有的记录文中哪些关乎大局的地方没有引导学生细读品味的;有的记录学生的精彩语言和思想;有的记录学生想到而自己没有考虑到的;有的记录学生提出的问题自己没法回答的;还有记录自己在重读文章或教后感到不解和迷惑的地方;更多的是下次再教应该注意什么……林林总总,涵盖了语文教学的方方面面。一位青年教师从1976年开始,随堂跟踪了于漪的3000多节语文课,感叹道:"于漪从来不重复,即使是同一篇课文教第二、第三遍,也绝对不重复,每节课都是一幕美丽动人的人文景观。"

在这几千次的自觉自省自建的课堂教学行为的背后,是于漪老师对语文学科性质和"育人"理念不断反思发展从而形成自己的教育教学观的过程。

首先是对语文学科性质的不断觉醒、反省,逐渐形成自己的"人文说"。这一思想的形成,于漪老师经过了二十多年的由表及里、由浅入深

的探索。从上世纪70年代末80年代初于漪老师认识到"不能把语文课简单地归结为工具课,必须充分认识语文学科的思想性",到80年代后期反思语言与语文的文化内涵,进一步提出"在素质、能力、智力等方面语文教学的多重功能",在这样不断地追问中最终在上世纪90年代创造性地突破,指出:"语文不但有自然代码的性质,而且有文化代码的性质;不但有鲜明的工具性质,而且有鲜明的人文性质。"正是基于对语文学科性质的不断追问、学习与反思,才有于漪课堂"科学与艺术的统一"。

其次是对语文教育主体的不断觉醒、反省,逐渐形成"教文育人"的语文教学观。于老师在1978年就提出"教文育人"的观念。从《春》的三次教后记中我们可以看到于漪老师的眼中始终关注的是学生。在随后的几十年教育教学求索中,从强调语言文字的理解与运用,到语言、思维的训练,直到情感的熏陶与审美观念的培养,清晰地体现出于漪老师对"文"的认识的全面与深刻。从"教育必须培养人",到"面向全体学生的终生发展",到"关注学生个性的培养"、"培养有时代特色的现代人",以及对"文"与"人"两者之间关系的理解在不断的充实丰厚、并体现出鲜明的时代特色。

于漪老师总是说:"一辈子做老师,一辈子学做老师。"正是在这60年中拒绝重复自我,不断反省、突破、创新中才成就了今日的教育家于漪。她说:"变才能出新,变才有生机,变才能把学生的学习情绪不断调整到兴奋高扬的状态。"这种变是对自己教学行为有清晰的认识,对学生的特点、发展有充分的了解,对语文学科性质有一贯的坚守,并不断进行自我反思、觉醒、完善的过程。

思考:提升语文教师的自我反省力迫在眉睫

相比于漪老师"一辈子做老师,一辈子学做老师"的高度的文化自觉,今天不少语文老师的文化自觉力的薄弱就显露无遗——

"不变"的课堂。有的教师衣来伸手,饭来张口,即在网上搜索现成的教案,不做任何修改,拿到课堂中照搬;有的教师盲信权威,追求明星,即广泛寻找名师的教学设计或教学实录,然后在课堂上拷贝。这些教师是有选择有追求的,他们相信名师的权威性,认为照着名师的教案去上课,肯定是正确且有效的,但他们缺乏批判和创新意识,忽视了自己学生的实际情况,忽略了教学的序列性,更严重的是他们的不自信,也不能以批判的、发展的眼光来看待名师的教案。他们不知道,有些所谓的"名师",一堂课走天下,也是缺乏文化自省自觉力的。

"不变"的方法。这类教师故步自封,循环使用,即第一轮上课时候,认真备课,随后教案一届一届地循环使用,铁定的教案流水的学生。更有甚者十年,甚至十几年都在用同样的教案。

"不变"的理念。大多数语文教师广泛查找资料,认真备课,兢兢业业地传授给学生。但其中能写教后记,总结反思自己的教育教学实践的少之又少。而像于漪老师这样一而再、再而三地在教学实践中不断自觉自悟,不断否定自己,拒绝重复自己,从而变中出新,变中求生机的更是凤毛麟角。

语文课学生为何不喜欢?语文课为何低效?也许从上面的现象中我们可以窥探到一、二。因而,今日提升语文教师的自我反省力迫在眉睫。

愿景:日日新,又日新

古语有云:"苟日新,日日新,又日新。"做一名语文教师,也应当具有这样的自识与自信。

有"日日新"的意识。理念是行为的先导,自省的教育行为一定要有自省的教育理念支撑。于老师在上世纪90年代就指出:"一、课要有新鲜感,不能老是一副面孔;二、课要有趣味性;三、课要有一定的难度和深度,使学生体验到克服困难的喜悦;四、课要有时代的活水,使学生有所感奋。"它详细地阐明了作为一名语文教师所应具备的教育自省意识:"不能老是一副面孔",是要求不重复自我,求新求变;"有趣味",是要求教师不断调整自己的教学思维,对准学生的心弦,将学生更感兴趣的东西带进课堂;"有一定的难度与深度",是要求教师随着学生的文化心理变化,不断调整教学内容,将最能激发学生情感、思想、智慧火花的东西带进课堂;"有时代的活水",是要求教师与时俱进。有了这种自觉的教育理念的引导,语文课才能做到"日日新"、"又日新"。

有"日日新"的能力。曾子曰:"吾日三省吾身。"作为语文教师的反省也应该具备"三省",即省设计,省过程,省重构。"省设计"是反省自己的教学设计是否是根据学生的认知能力基础和学习困惑,并在准确深入地解读文本的基础上而来;"省过程"是反省自己的教学过程中预设的达成度,生成的是否有效,取得了哪些成效,存在哪些不足;"省重构"是反省教学设计、过程中哪些需要保留、哪些需要调整、哪些需要增加或删除。而这些都需要语文教师在"求新"意识的基础上,具备扎实的语文教学基本功,开阔的语文教学视野,不断接受新的教学理念,并在实践中不怕曲折,勇于尝试,勇于否定,勇于突破。

有"日日新"的氛围。当我们每一位语文教师都能写教后记,都能把写教后记变成一种教学习惯,在教后记中教育理念能"日日新,又日新";当我们每一位语文教师不仅能养成写教后记的习惯,更能一而再、再而三地对语文的教育教学进行反思和重构,使教学能"日日深,又日深";当我们每一位语文教师在教学的反思与重构中,将"育人"的使命贯穿在每一个教学细节中,使我们的学生的思维与能力能"日日长,又日长",那么,我们的语文教育就有了一个"日日新"的氛围,也就真正进入了一个高度的"文化自觉"时代。

语文教师要自觉地讲"中国话"

上海外国语大学附属双语学校　沈一敏

于漪课堂

《春夜喜雨》、《忆江南》、《渔歌子》教学片断

〔1985年6月8日　杨浦中学　初三(4)班〕

师：我们刚才比较了一下这三首诗词，得到一个结论，有些写景抒情的诗它是既有深情——

生(多数)：又有画意。

师：就是诗有画的形象。这首《渔歌子》历来是被人们所称颂的，讲它词句清丽，字字入画，所以我要你们画一画，就是这个道理(板书：字字入画)。好，现在我们一齐背一背，《渔歌子》张志和，预备——起。

生：(集体齐背)

师：我们读了一些词，读了一些诗，但是真正要理解我们文学宝库当中的诗词还是——

生(部分)：相距甚远。

师：对！相距甚远。现在把两句话记下来，你就知道老师说这句话的用意，古人说过这样的话："操千曲而后晓声"，"操千曲"(板书：操千曲)

听到过吗?

生(部分):听到过的。

师:"而后晓声"(板书:而后晓声),"操千曲而后晓声,观千剑而后识器"(板书:观千剑而后识器),这是刘勰讲的,《文心雕龙》的作者。这是什么意思?

生:(议论纷纷)

师:听到什么晓声?

生(部分):声乐。

师:懂得了声乐、音乐,但是要经过多少次啊?一次又一次的练;"观千剑而后识器",这剑是好还是不好,你要经过许许多多的历练,你才有识别能力,所以我们仅仅是读了一点诗词,跟我们文学宝库当中的珍品比起来,那是相差得很远很远,所以我们除了课堂里学之外,课外要关心、阅读、赏析、品味,多读、多思考,运用自己的想象可以逐步领会我们文学宝库当中的精华。

视点:"中国话"

读了于老师的课堂实录,就想起了她经常说的一句话:"语文教师要讲中国话。"

这是于老师25年前的一节诗歌教学的课堂实录中的结语部分。课结束了,但是"字字入画"、"相距甚远"、"操千曲而后晓声,观千剑而后识器"这些话语还久久回荡在课堂里,和三首在时光中沉淀下来的诗一起相融相生,无法剥离。一个不是原汁原味"中国制造"的语文教师是不可能自觉说出这样的诗歌教学的课堂语言,而没有经过原汁原味的"中国话"浸润的学生当然"不兴其艺不能乐学"。

"字字入画"传递的是中国语言生动的形象感和丰盈的情趣感,当于老师在整堂课引领着学生们穿梭在三首诗词的字里行间体验情感、感受形象、触摸语言之后,把中国文字和中国诗歌独有的特征凝练地概括给学生。"操千曲而后晓声,观千剑而后识器"更是用中国文化的求读之法在进行传统诗歌的教学,即孟子所说的:"自得之则居之安,居之安则资之深,资之深则取之左右逢其源。"靠的是学习者自己朗诵自己涵咏,积流成海聚沙成塔。这些课堂教学的语言是真正的"中国话",是用中国文化的方式在思维,用中国的文本分析法在"沉浸浓郁、含英咀华",让学生置身于中国的文化系统中,在原汁原味的中国文化氛围的引导下让学生深受感染和熏陶,从而达到"蓬生麻中,不扶而直""入芝兰之室久而自芳"。

由此,才真正明白于老师所讲的"中国话"的含义,也明白了她的课为什么总能抓住文本的实质,敲打在学生的心田,真正懂得那一堂堂课的背后凝聚的是怎样的文化自觉性,真正理解于老师为什么执著地致力于做一名中国教师角色的自觉捍卫者。

思考:今天的语文课堂是否缺少了自觉说"中国话"的意识?

25年之后,《春夜喜雨》《忆江南》《渔歌子》这三首经典诗歌作品仍然在我们的初中教材里,那么我们今天的诗歌教学会是怎样的情形?

一、文学常识是一定要讲的,作者的名、字、号、朝代、代表作等等先于诗歌教学之前按序说来。自认为进步者,设计环节让学生们争先恐后地报出这些,美其名曰"教学前先知人论世"。

二、字字落实、句句翻译。教学诗歌当然要疏通字词,弄清意思,于是乎,逐字逐句翻译成大白话。自认为以学生为本者,开火车一人一句翻成现代汉语,解释说"这叫生生互动"。

三、作者的思想感情是必须要知道的,可是学生感悟不出又如何呢?没关系,认真记下笔记,背出即可。千万要关照学生,中心主旨最重要。

四、写作手法涉及鉴赏的,也是一定要说的。第一句中有修辞,第二句中用典故等等。当然,最后还是要求学生逐条背出。

还有……

《春夜喜雨》按这个顺序一路教来,《忆江南》按这个顺序一路教来,《渔歌子》按这个顺序一路教来……我不敢再说下去。想来,这一路靠教师分析讲解,必是言者谆谆、听者藐藐,犹如东风过牛耳。

这样的教法如同自动化流水生产线,只要电脑程序设计好,一按电钮,全部"机器"作业。于是,可以按照这套程序教诗,按照那套程序教议论文,只要准备好五六套程序,语文教学全部搞定。难道这也是自英国工业革命以来的"全球化"浪潮?这样的课教的还是语文?说的还是中国话?用的还是中国文化吗?试想在这样的程序下成长起来的学生们,大脑一定是个容器,装满的全是所谓的知识、方法、技巧。可是心中呢?可曾有过人格上的陶铸感化?整个的语文学习过程,可曾有过"陶冶性灵,变化气质"?

再看这样的语文课堂,表面上使用了很多中国文化的术语,在了解作品背景时要"知人论世",在鉴赏艺术时要懂得"运用典故",其实质是在用西方的解构细分的文本分析法步步走来。一不小心,我们的语文课堂全都成了外国文艺理论的例证,连中国最传统的文言诗文的教学都难以幸免。

审视现今的语文课堂,可以说,很多情况下是教师们失去了自觉说"中国话"的意识。我们,有多少语文教师不是一张口就是人物形象、中心思想、写作特点,就是现实主义、浪漫主义等等?讲教育教学理念,不是一开口就是"课程观"、"学生观",就是"对话理论"、"文本细读"、"课堂生成"等等?有多少语文教师一张口就如于老师那样,以中国思维解中国思维,以中国文化解中国文化,以"中国话"引领学生学习"中国话"?

细究这种情况产生的原因,中国经历了近170年的西学东渐,西方中心主义已渗透到我们的物质与精神的方方面面,今天我们的话语系统实际已基本上被西方文化所化。我们如果剥离了西方话语系统,可能就不会说话了。比如讲经济，就是"GDP"；讲政治，就是"民主"；讲发展，就是"科学"。比如我们今天所讲的一些关键词——"共同体"、"社会主义"、"资本主义"、"市场经济"、"现代化"、"金融风暴"、"公民"、"民主"，等等，都是早已如我们"呼吸的空气"一样，不可须臾离开。我们确实没有了自己的话语系统，我们只能引进，只能跟着西方走。

我想，于漪老师之所以说"语文教师要讲中国话"，绝不说要拒绝西方，绝不是说要从我们的语言中排除西方语言（这事实上也是不可能的），而是强调，作为语文教师，要有引导学生热爱母语的自觉，要有捍卫中国传统文化的自觉，要有培育自己的话语系统的自觉。

愿景：说"中国话"，做"中国语文教师"

不禁想起于老师在《岁月如歌》中曾经回忆的几位恩师：

初中教国文的黄老师，说到中年闰土时会哽咽，讲到忘形时，会情不自禁地朗诵，与文中人同悲同喜，向学生放射文字波、情感波。这种地道的中国情——对苦难中国的苦难者深情抚摸，至今让于老师感动。

高中的赵老师，上国文课讲《陈情表》，"他一句不看，但逐句疏通，脑子里好像刻着文章"，以及他对"茕"字读音的强调与笔画的分析，对孝情的阐述，于老师都记忆如新。

大学时的令孺方教授、周予同教授、曹孚教授，他们在国学方面都有极高的造诣，都是说"中国话"的高手。

于老师回忆说："在老师的教导下，自己成长起来，似乎心胸日日宽广，丰富的知识'给我狭窄的心，一个大的宇宙'。"于老师便是在这群"原汁原味"的"中国语文教师"的"中国话"的熏陶下建立起了地道的"中国话语系统"，为她日后成为中国现代教师语文教师的典范打下了坚实的基础。

也许，今天很难产生于老师求学时那样的会说"中国话"的语文老师，但我还是期待能产生类似那样的老师。这不仅是文化传承的需要，

更是文化建设的需要。中国要崛起成真正的现代化强国,必然需要"现代中国文化"作支撑,而"现代中国文化"最终建立的标志,就是真正的、自己的话语系统的建立。而要建立这样的话语系统是极其艰难的,它需要全社会长期的、艰苦的努力。很显然,作为教育,负有重大的责任。而其中,作为基础教育的语文教育,又必然要担负起重任。

因此,作为语文教师,就要有说"中国话"的自觉意识,起码首先要担当起传承优秀传统文化的重任,"志于道,据于德,依于仁,游于艺",像于老师那样以中国思维解中国思维,以中国文化解中国文化,以"中国话"引领学生学习"中国话",唤起学生的"文化自觉"意识,使之在语文学习中既能真切地了解自身文化,又能主动地重建自身的文化,恢复民族文化的记忆,贯通民族文化血脉。

期盼着,我们越来越多的语文教师敢声称自己会琴棋书画、会刻章做诗填词;敢声称自己的身上有书卷气、儒雅气;敢声称自己在用"中国话"进行语文教学。

再让我们一起回味这几句话:"字字入画"、"相距甚远"、"操千曲而后晓声,观千剑而后识器"。于老师25年前的指引如同灯塔之光,也在召唤我们这些迷失的心灵,穷本溯源,去找寻文化的根,说"中国话"、做原汁原味的语文教师!只有高度文化自觉的语文教师才会以其超凡的敏锐和独特的视角,站在主流文化的制高点上,引导学生拨开迷雾,走出盲区,含英咀华,获得美的享受和精神的滋补;只有高度的中国文化自觉,才能让学生在语文学习中彰显生命的活力,领略中国文化的独特魅力。

站在世界文化的天空下

上海杨浦高级中学　李　琳
上海民星中学　魏一营

于漪课堂

《变色龙》教学实录（片段）

师：今天我们学第20课《变色龙》，作者是契诃夫。契诃夫是著名的短篇小说大师，俄国人。他从20岁开始就进行创作。为什么称他是短篇小说大师呢？我请大家看两本书，（出示书）这是《契诃夫小说》，都是短篇的，上册和下册。这两册书里面选了37篇短篇小说，他一辈子创作了多少小说呢？700多篇，请你们计算一下，像这样的书有多少本？这里是37篇（出示两本书）。

……

师：他塑造的人物形象跟其他小说家又有不同的地方，他在塑造人物形象时，有一个形象体系（板书：形象体系）。什么叫形象体系呢？用他自己的话来说，就是在日常生活当中选取人物，取这一个或者那一个来写，把这个人物放在大背景上，这就好像形成了一个天空的景象，他笔下的主人公就好像是天空中的大月亮，另外的人物呢？

生（多数）：小星星。

滋润心灵的文化

师:星星。就好像撒一把铜币在天空上。其他的一些人物就好像是小星星一样,这些小星星都陪衬着这么一个大月亮,因此他的小说创作的一个很大特点就是有形象体系,有大月亮还有小星星。我们今天读的《变色龙》也是如此。《变色龙》里面的大月亮是怎样一个人呢?

视点:站在世界文化的天空下

请大家注意于老师介绍作者时使用的一些句子:

"契诃夫是著名的短篇小说大师","为什么称他是短篇小说大师呢?""请你们计算一下,像这样的书有多少本?""他笔下的主人公就好像是天空中的大月亮,另外的人物呢?""他的小说创作的一个很大特点就是有形象体系,有大月亮还有小星星。"

从这些句子中我们不难感受到,于老师用她虔诚的心,引导她的学生去拥抱像契诃夫这样的世界优秀文化的创造者。

这其实就是一种态度:站在世界文化的天空下,以拥抱的姿态接受世界优秀文化!

印象中,于老师是一位中华文化的坚守者。她的课堂,她的文章,她的报告,都饱含着浓浓的爱国情,都有一颗火热的中国心。但这并不影响于老师成为一位世界优秀文化的拥抱者,相反,这促使她更自觉地去拥抱世界优秀文化。因为她明白,"传承和弘扬中华优秀文明,绝不是故步自封,更不是排外。中华民族历来是有容乃大,凡是外来优秀的,在今日更是要学习,要消化,要融合,以获得新发展。我们的传承和弘扬绝不是'老子天下第一',而是要自立于世界民族之林,艰苦奋斗,对人类作出更大的贡献,以求一个八面齐奏、终和且平的世界。"(《历史经验与现代生活的融合》《于漪新世纪教育论丛·超越卷》第 39 页)因此几十年间,于老师从未停止过汲取世界优秀文化的步伐。

综观于老师的其他课例,一个词语的表达,一个句子的解读,一个问题的设计,一篇文章主旨的把握,都体现了于老师挚爱中国文化的同时,对世界文化始终取一种平等悦纳的态度。读《于漪文集》、《于漪与教育教学求索》、《岁月如歌》和《于漪新世纪教育论丛》这些著作,我们同样会发现于老师始终站在世界文化的平台上,关注世界范围内经典和学术动态。无论是西方文明的源头苏格拉底、柏拉图、亚里士多德,还是近现代的夸美纽斯、赫尔巴特、杜威、伽答默尔,他们的思想精髓,于老师都很熟悉,这些先哲对教育的洞见,对思维和语言言说方式的探索,对语言和人类文化传承的真知灼见,都在于老师的文章中闪耀着智慧的光芒。她不仅读《世界教育史》这样厚重的学术著作,还关注美国中学课本《美国语文》,甚至为日本畅销书《窗边的小豆豆》写书评。2004年7月21日霍金提出"黑洞新理论",于老师也在第一时间关注并了解。

于老师的文化视野是开放的,于老师的文化心态是自觉的,她脚踩中华五千年的文明大地,仰望世界文化的璀璨星空。在没有百度和谷歌的时代,全凭自己的文化自觉,细细寻找人类文明的大月亮和数不胜数的发出璀璨光亮的小星星,并将这一片灿烂传递到学生身上,这是多么的不易!

思考:面对世界文化,今天的语文课堂有怎样的态度?

面对世界文化,今天我们语文教师又有怎样的态度呢?

我们不得不说,目前的课堂上,鲁迅先生70多年前批评的三种态度依然存在:"徘徊不敢走进门"者有之,"勃然大怒,放一把火烧光,算是保存自己的清白"者有之,"接受一切,欣欣然的蹩进卧室,大吸剩下的鸦片"者有之。

有的认为中华古代文化早已囊括了世界优秀文化,所谓"现代"、"后现代"都是自己的文化里早已具备的,因此上课只讲文言文。在这些教师看来,世界文化就是由儒、道、释三家构成,三家之外没有文化。他们活在昨日的荣光里,做着怀旧的梦,成为文化保守主义者,这其实是将自我拒排在世界之外。

相反,有的认为自己的一切都不如西方,上课不断渗透中华文化落后论,渲染、夸大中华传统文化中的负面因子。在这些教师看来,老子固守"小国寡民",胆小怕事,心胸狭窄;庄子"不知周之梦为胡蝶与?胡蝶之梦为周与",掉进相对主义的泥潭无以自拔;孔子孜孜于"克己复礼",不见世界之变化,而与时抗争,徒增人生之悲情……他们已成为典型的民族文化虚无主义者,沦为"西方中心主义"的囚徒。

还有一些教师,在横行全球的物质主义、消费主义文化面前,失去了化解人性物质化、庸俗化这一世界性难题的自觉,甚至与学生一起陷入"娱乐至死"、"享乐至死"的泥潭而不自知,丧失了引导学生抵御低俗、庸俗,走向高雅、高贵的能力。

愿景:和而不同,美美与共

今天的人类舞台,"全球化"成了一句最主要的台词。信息、技术、商品、人员,特别是货币资本正在全球范围内频繁地往来,市场的开拓与扩张有力而空前地突破国家、民族、文化、教育等传统疆域。各种异域文化正以所向披靡之势,愈来愈密集地植入本土。人们自古以来栖息的、纯净的本土文化空间已经成为一个历史概念。

但是,在"全球化"的进程中,强势文化往往对弱势文化构成威胁,甚至侵吞弱势文化,以至最终消灭弱势文化。毫无疑问,在这个进程中,美国文化总体而言是最强势的文化,奥尔布赖特的话就是一个有力的证明。相较而言,中华文化在许多方面都处于弱者地位。事实上中华传统文化经历了一个多世纪的冲击与破坏,许多已经丢失。今天我们完全可以感知到,好莱坞电影、迪斯科、可口可乐的"入侵"面积远远超出了京剧、太极拳与茶文化的出口,西装、领带、牛仔服早已全面地征服了长袍、马褂、中山装。在这样的大背景下,许多孩子言必称西方,了解西方远甚于了解中国,对自己的信任指数远低于对西方的信任指数,他们中许多事实上已将美国看成了世界的中心,看成了文化生命的皈依地。

面对此情此景,我们语文教师应当有怎样的作为?

我们既不能对全球化充满怀疑甚至恐惧,因而退守在自己昏暗的室内,不敢打开那扇通风透气的窗子;也不能将全球化理想化,像某些人那样高声嚷嚷:未来世界,不同肤色的"世界公民"可以平等地共享"地球村"里伟大的经济与文化成就。我们应当引导学生怀揣"和而不同,美美与共"的理想,以独特的民族身份同世界对话,以积极主动的姿态参与到未来的世界建设中去。

显然,鲁迅先生70多年前提出的"拿来主义",在今天依然有着很强的指导意义。面对世界文化,我们首先要勇敢地"拿来","占有"它;然后要"运用脑髓,放出眼光","挑选"它,"或使用,或存放,或毁灭"。

也很显然,于老师面对世界文化的自觉态度,应当是我们今天语文教师学习的态度。对待世界文化,我们必须用一种理性的眼光去审视,去鉴别,去接受。而要做到这一点,我们就必须锤炼自己的眼力与心力,使自己在面对纷至沓来、纷繁复杂、多姿多彩、多元并存的世界文化时,有足够的自信力大声说:拿来!

因此,在现时,我们的语文课堂要特别关注两个大的方面——

消除盲目排外心理,融合世界优秀文化。这里我们要特别提及西方现代性精神的三个重要支点——"开放、自省、反叛"。我们的传统文化中也有这种精神基因,但我们都很清楚,因为封建专制强大的压制力,"开放、自省、反叛"的精神因素不断地被挤压,以至于我们的传统文化在这一方面显得很屡弱,因此,我们在语文教学中要大力培育这种精神,引导学生树立这些精神,成为一个真正的现代人。

弱化享乐观念,强化忧患意识。如今整个世界已是一个享乐的时代。人类对物质享受的追求已到了一个前所未有的高度,奢华享乐之风劲吹全球。中国虽是一个发展中国家,但享乐之风一样盛行,享乐观念成为人们重要的生活观念。而孩子们接受享乐观念比接受其他任何观念

都要快,因为享乐近乎人的本能。一个显例是,学生们对现代大众文化的接受就异常迅疾。使人们不断陷入享乐幻象之中的现代文化工业的日益兴旺发达,越来越引诱着学生耽于享乐,享受惰性。如现代文化工业大批量生产的动漫,它几乎将90%以上的学生从人类最优秀的文学经典阅读中抢夺走了。再如现代文化工业大批量生产出来的流行音乐,以它们深入骨髓的享乐性,把绝大多数学生拉进了表层快乐的深渊。因此,我们一定要弱化学生的享乐观念,并不断强化他们的忧患意识。在忧患中,人就有了刚健坚韧的精神,就有了自强不息的精神,就有了担当患难的精神,就可能产生"为天地立心,为生民立命,为往圣继绝学,为万世开太平"的雄心壮志与卓越行为。引导学生从享乐之风中走出,树立为自我、为民族、为国家、为人类而忧患的意识,应当是语文教学现阶段的一个特别重要的任务。

  只有如此,我们的民族才能在未来的发展之路上,融汇世界优秀文化,开创自己民族复兴的伟业。

语文教师首先要成为"现代教师"

上海复旦附中　丁　鸣
上海娄山中学　陈红波

于漪课堂

《白杨礼赞》教学实录（片段）（1980年杨浦中学初二）

生1：白杨树是不成材的,而楠木是贵重木材,为什么作者贬楠木,说白杨树怎么好怎么好？我是学生,人微言轻,说了也无用。屠格涅夫是大田园作家,他的《猎人笔记》中也写了白杨树。请听,他是怎样写的。（从课桌里拿出《猎人笔记》朗读有关段落：白杨树叶子硬得像金属,枝条也不美,只是夕阳西下时太阳照到枝条上才有点美。）请问老师,是不是作者言过其实了？

师：你为了验证自己的观点,能注意课内外联系,积极思考,通过课外阅读来找依据,这就是学得自主,学得积极。

师：茅盾的《白杨礼赞》是用象征的手法来写的,象征的手法从来是景随情移的,客观的景随着作者主观的情而变动的。

生2：这一点我能理解,但有个句子看不懂。"如果美是专指'婆娑'或'旁逸斜出'之类而言,那么,白杨树算不得树中的好女子,但是它伟岸,正直,朴质,严肃,也不缺乏温和,更不用提它的坚强不屈与挺拔,它是树中

的伟丈夫。"根据我的生活经验,温和的人使人容易接近,严肃的人使人敬而远之。在一个形象身上又严肃又温和,是不是茅盾先生疏忽,用词用矛盾了?

师:这个问题问得好,我没有想到,你读书很仔细。请大家思考,作者用词是不是矛盾了?

生:(七嘴八舌)

师:一个人有时候温和,有时候又严肃。……

生2(不信服地):树也不会变脸的呀?!

师:世界十大文化名人孔子就是这样。《论语·述而》篇载:有人问子何人也?回答说:子温而厉,威而不猛,恭而安。可见,在孔子身上二者都统一起来了。

视点:学生的三个问句

读完于漪老师的这个教学片断,给我们最大震动的是两位学生的三个问句。

1980年的于漪老师已是名满天下的语文特级教师。当时,特级教师在上海、在全国都只有那么屈指可数的几位,而于漪老师更以自己独特的语文课堂征服了几乎是所有观摩过她的课堂(包括实况录像)的教师。面对这样的名师与权威,两位学生在与老师的短短两个回合的对话中,接连提出了三个问题,且有理有据。从中还看得出,前两个问题是有备而来,后一个问题是课堂的自然生成。有备而来是"蓄谋",自然生成是"随机"。也就是说,无论是课上还是课下,学生是"敢于"发言、"敢于"发问的;学生对教材、对教师都是"敢于"挑战的。

两位学生的三个问句,让我们看到了30年前于老师语文课堂的这样一些特质——

民主和谐的氛围。有问题大家提,有想法随时说。可以想象,如果老师一贯是专制的,是不让学生提问的,学生是不可能有这样的"蓄谋"与

"随机"的。

平等愉悦的对话。在第一回合中,学生这样发问:"请问老师,是不是作者言过其实了?"在老师给出鼓励性评价与自己的答案时,学生有了"这一点我能理解"的回答。这样的对话,学生眼中有老师,有教材,不是目空一切的否定;老师眼中有学生,有对学生所提问题的充分尊重。这种师生相互尊重与理解的对话,无论话题有多尖锐,最后师生心中都是愉悦的。

积极主动的探索。"生1"的两个问题,一个是求异,一个是证同,但无论求异还是证同,都是积极主动探索的表现。更可贵的是,"生1"对自己的观点都给出了他这个年龄段学生所能达到的思维高度的答案。

互助合作的平台。当"生1"提出第二个问题的时候,老师说:"这个问题问得好,我没有想到,你读书很仔细。请大家思考,作者用词是不是矛盾了?"于是课堂讨论开来,于是有了"生2"的问题,于是有了教师"子温而厉,威而不猛,恭而安。可见,在孔子身上二者都统一起来了"的答案。这两个回合,让我们看到课堂作为"互助合作的平台"的真正意义:通过生生互动、师生互动,相互启发,自然产生可能得到的最完美的"结果"。

多年以后,于老师在讲"自主、合作、探究"的课堂学习时,还回忆了这一非常生动的教学场景。这样的教学场景,实际上是于老师作为一名语文教师对其"胸中有书,目中有人"教育信念的长期努力的践行与精心培养的结果,是教师对学生作为一个独立"个体"的充分尊重,对学生独立思考与探索精神的充分肯定与精心呵护。有了这样的信念,才会有这样的尊重,才会有这样的肯定与呵护,才会有这种民主、平等、自由、主动、合作的教育平台。

30年前的中国基础教育界还没有将课堂提到"民主、平等、自由、主动、合作的教育平台"这样的高度来要求,但于漪老师以其"现代教师"

的文化自觉创设了这样的教育平台,所以她的课堂总是其乐融融,如沐春风之中。朱自清的《春》、契诃夫的《变色龙》、鲁迅的《藤野先生》、都德的《最后一课》、《战国策·唐雎不辱使命》……几乎我们能看到的她所讲授的每一堂课都达到了这样的境界。这样的教育境界在 30 年前极少有可媲美者,在 30 年后的今天同样令我们这些高喊"现代性"的后辈们震撼!汗颜!

思考:"一言堂"与培育"现代人"何其相悖

今天我们不得不承认,"一言堂"依然是我们课堂的主调,具体表现有三——

其一是"标准答案"说了算。

有利于应试的,一切都是允许的,因而也就成了"正确"的;不利于应试的,一切都是不容许存在的,因而也就成了"错误"的。在这样的课堂上,教师(教育)设定的适应考试的"标准答案"成了最高评价原则:一切都"标准答案"说了算。学生动则得咎!

这样的课堂上,我们以"标准答案"的名义,驱逐了学生情感的复杂性,思想的多义性,人性的丰富性!

这样的课堂上,我们以"标准答案"的名义,放逐了学生语言感悟的关联性,文采感受的丰富性,作为审美主体的最高贵的个性!

这样的课堂上,我们以"标准答案"的名义,扼制了少年心理的生动性发展,少年思维的多向性发展,少年生命体的主体性发展!

其二是"教师理解所及"说了算。

有的课堂,"教师理解"是错误的,但教师浑然不觉。于是就将自己的"错误理解"当成"真知"付与学生,言之凿凿,不容许学生的"他说"存在。

本来,教师并非全知全能者,孰能无惑?但正因为此,教师更要谨防自身之惑,应尽可能避免将伪知识带进课堂。也正为此,教师要不断更新自己的知识,与时俱进;教师要特别关注学生不断获得的新知,以求教学相长。问题是我们常常忘记这一点,以为自己就是真理。

其三是"教师尊严"说了算。

有时,教师明白自己的理解不周或有误,明白自己的说法不准确甚至错误,明白自己的答案有漏洞,但已经说出去了,说与学生了,就搬出"教师爷"的姿态,极尽"狡辩"之能事,"驳倒"学生的"异词",证明自己的正确性,以维护教师的"说词",最终是维护所谓的"教师尊严"。

上述"一言堂"式的课堂,呈现的恰好是与于漪老师课堂相反的特质:专制色彩、等第观念、被动心态。其综合效力是抹杀学生的主体性!这种课堂"熏陶"出来的学生,自然也就会染上专制色彩,产生等第观念,失去积极主动探求世界的兴趣与执著,自然也就与自主、自立、创新人格渐行渐远。

很显然,这不是我们的教育期待。教育部21世纪初制订的国家课程标准,将"为了每一个学生的发展"作为基础教育的基本价值,或者说核心价值。它蕴含了三个基本点:民主意识、价值多元、个性发展。这也就是通常我们所说的培育"现代人"的三个基本素质,教育"现代性"的三个基本特质。但这三点不是并列的,"民主意识"决定着"价值多元"与"个性发展"的实现;没有"民主意识",就没有"价值多元"与"个性发展"的实现。反过来说,"个性发展"与"价值多元"的实现,证明着"民主意识"的普及。

以此观照,"一言堂"与教育的"现代性"何其相悖!与培育"现代人"的目标何其相悖!

愿景:以"现代性"课堂培育"现代人"

因此,语文教育要实现培育"现代人"的目标,首先就要打破"一言堂"式的语文课堂,将"一言堂"变为"现代性"课堂——"民主、平等、自由、主动、合作的教育平台";而要实现课堂的这种转变,语文教师首先

又要自觉地成为真正的"现代教师"。

坚定地践行"民主教育"的理念。"民主教育"是"现代性"课堂的重要特征。它体现在课堂的所有成员平等地享受教师给予的高质量的教育，体现在课堂的所有成员自由地表达自我的权利得到教师平等而有力的保护，体现在师生在人格上的绝对平等。

努力实现"多元文化价值"的教育观。"多元文化价值"指在树立强烈的民族文化认同与民族自豪感的同时，尊重不同民族文化的尊严与差异，将自己的价值观和自己的文化体系相对化；在互相理解与尊重差异的基础上，以平等的地位与他人、他民族、他文化交往，发展同他人交流、分享与合作的能力；在坚持普适价值与原则的基础上，实现作为个体的文化生命价值。

视学生"个性发展"为课堂的生命。"个性发展"包含两大方面：每个个体独特性、自主性的发展；每个个体不断加深与自我、社会、自然的三重关系。前者体现生命的独特性，后者体现生命的文化共通性。两者合而为一，构成"个性发展"的基本特征：健康的审美情趣和生活方式，强烈的社会责任感，不息的创新追求。

教师必须具有这样的"现代性"课堂意识，才可能真正认识到应试教育对学生主体性的扼杀，从而自觉走出"应试"的泥淖；才可能真正认识到"一言堂"式的课堂的反现代性，从而自觉地打破它，努力地构建"民主、平等、自由、主动、合作的教育平台"。

期愿每一位语文教师都能自觉地关注学生终身发展的内在需要，"让课堂充满生命的活力。……不是简单的知识传授、机械训练，而是师生互动、思想碰撞、心灵交流，师生共同成长的生命历程。"(《于漪新时期教育论丛·超越》第102页，广西教育出版社，2008年版)

期愿每一位语文教师都能自觉地着眼于学生的整体发展，使每一堂语文课都"气氛宽松、和谐，学生身心解放，无拘无束，无心理负担"，"勇于求知,寻根究底",达到"纵向深入,横向扩展,形成发自内心的独特体验与感受"学习境界,学生之间"从不同层面、不同角度受到启迪"。(《于漪新时期教育论丛·超越》第110页,广西教育出版社,2008年版)

  我们相信,当每位语文教师都有了这样的追求时,语文教育就一定会有真正的"现代性"转变,从而挤兑应试教育的空间,"逼迫"其逐步退出历史舞台!

  我们相信,这一天总会到来的!

滋润心灵的文化

力求革故鼎新,保持文化思辨力

上海市北郊高级中学　王　林

于漪课堂

《谈骨气》教学片段

师：人之所以为人,要有脊梁骨,要有骨气。碰到任何艰难险阻,有骨气的人不屈不弯,气贯长虹。对这种具有英雄气概的人,早在2000多年前大思想家孟子有句十分精辟的阐述,大家知道吗？

生："富贵不能淫,贫贱不能移,威武不能屈。"

师：说得对。今天我们要学的一篇课文就是《谈骨气》。这是个重要问题,对我们走向人生、走向未来的青年学生来说,尤为重要。我们来看看老一辈的学者吴晗是怎样阐述的。请认真阅读,思考,并讨论下列问题：

1. 什么叫骨气？
2. 怎样才叫有骨气？
3. 为什么说中国人是有骨气的？
4. 作者摆了哪些事实来证明？
5. 你认为这些事实之间的共同点何在？

6.这样来说道理,你认为理由充分不充分?

7.你能举出哪些具体的例子?尤其是今天现实生活中的例子。

8.有人说"骨气值几个钱,只要对自己有利,管什么骨气不骨气",你认为对不对?理由何在?

9.有人说骨气与国格、人格有区别,对不对?为什么?

视点:课堂因思考而富于活力

记得在大学里学"教材教法"课程时,有一个章节专门介绍如何设计新课导入,老师提供了不少名家个案,其中于漪老师的课堂案例最多。于老师非常注重课堂导入环节的设计,这一环节虽说只有三五分钟,但她总能以别开生面的方式,在最短的时间内激发学生学习的兴趣。

以《谈骨气》的课堂导入为例,吴晗的这篇作品发表于1961年,那时的中国处于一个极困难的时期,作者写了一系列的文章,意在激励人们的信心与斗志,它是有着很强针对性的时文。然而,文中所言之"有骨气"又是中华民族传统文化中所推崇的优秀品质,而这可以说在任何时代都是需要的,它是跨越时代的。因此,于老师在导入时强调的是"人之所以为人,要有脊梁骨,要有骨气",也就是说,"有骨气"是人立身的根本,而非可有可无。而后,她一口气提了九个问题,前五个问题是针对课文的论题、论点、论据等方面而提的,后四个问题则是让学生结合社会生活实际进行拓展思考。这些问题的设计层次清晰,逻辑严密,引导学生"入乎其中,出乎其外",对学生的阅读有着极强的指导作用。尤其值得一提的是,最后两个问题,旨在引导学生去思考"谈骨气"所具有的现实意义与精神价值。学生带着这些问题阅读课文,可以说是抓住了学习的纲目,他们的思维活力被有效地激发了,思维的空间也被大大拓展了。

其实,像这样的例子还有不少。如讲《晋祠》时,于老师以"一人一景"的方式,请同学们罗列了我国的名胜古迹;讲《荔枝蜜》时,就"蜜"字的结构来了个"说文解字",同样有趣;讲《唐雎不辱使命》时,与学生已学

的课文《触龙说赵太后》相链接,温故而知新;讲《我的老师》时,用学生习作《童年忆趣》导入,亲切动情;讲《少年中国说》时,请同学们一同回顾1840年到1900年期间,有哪些帝国主义国家入侵我国,签订了哪些不平等的条约等等,可谓一课一法,富于变化。

说实在的,导入这一环节在一堂课中费时极少,但对于激发学生的学习兴趣却有着至关重要的作用。对不同的文本能有不同的导入,而非千篇一律,这是基于教师对文本艺术价值与思想内涵的深入思考与精准把握,而导入是否精彩贴切,则与教师的内在修养和文化视野有着密切关联。在于老师看来,学生应当是知识的思考者,而非知识的记忆器。思考的深度决定了思想的深度。课堂的生命力在于教师能以自身的智慧有效地激发学生的思维活力,使学生得以在思考中学习,在思考中探究。

思考:文化在思辨中传承

然而,如果将这九个问题放在今天的课堂上提出,我们的学生会做怎样的回答呢?前五个问题的结论区别应该不是很大,因为那是对文本信息的筛选、整合,而筛选整合能力是中考与高考的能力目标,也就是说,这是一种考试得分的技能。但后面四个问题呢?尤其是最后两个问题,他们会不会以"时代不同"为理由,放下"骨气",避而不谈呢?我实在说不准,因为这牵涉到一个人的价值观,牵涉到学生们的文化认同问题。

如今常常感慨,这是一个文化多元的时代,人们似乎一下子多了许多的选择,但这又是一个缺少文化思辨力的时代,面对形形色色扑面而来的新旧事物,人们并不懂得如何鉴别,如何取舍。就比如说,一方面,我们看到全球经济一体化,价值观多元共存,海量资讯借助互联网、广播电视等各类传媒神速传播,大众娱乐受到多方利益驱动,越发标新低俗;另一方面,我们又看到对于传统文化的浅阅读与误读,文化的失落感与焦虑状态流动在各种复古的活动中。对于诸多文化现象,如果我们不能以冷静严谨的态度面对,不去进一步思考这些现象形成的原因,那么我们又如何去分辨,如何做出合理的取舍呢?

在这样一个大环境影响下,我们看到我们的母语教学面临着前所未有的挑战。曾经听到过这样一句顺口溜,说是如今的中学生"一怕文言文,二怕周树人,三怕写作文"。虽说言辞俏皮,但在语文教师听来的确有些心寒。然而更让我心寒的是,怕文言文的孩子却会在写作文时写一些文理不通、文白糅杂的文章,他的理由是因为曾有这样的高考范文,所以尝试一下,希望得个好分数;怕周树人的孩子却在列举题中说鲁迅是自己最喜欢的作家,理由是他们觉得老师爱听这话,这样可以得分;怕写作文的孩子去买了许多的写作宝典,下苦力背作文,为的是考试时可以套一篇。一切都唯"分"是从,急功近利,这样学语文,怎么可能具备思辨的能力呢?

其实,这样的功利之气又岂只在学生中有所见呢?那铺天盖地的习题册和拼凑而成的作文宝典不都是与语文教学相关的人编的吗?记得胡适曾这样评价自己的为人"不降志,不辱身,不赶时髦,也不回避危险",当我们平心静气地再做思考时,是否也该问一下自己,作为语文教师的我们,站在母语教育第一线的我们,是否也能做到"不降志,不辱身,不赶时髦"呢?在传授知识时,我们是否真的具备了较强的文化思辨力,是否真的能够认识到文化传承的重要性和必要性,并对传统文化的内涵有深入的探究和正确的理解。作为教师的我们应该认识到这不仅是教育学生认识传统文化,更是在教会他们去鉴别文化的优劣,剔去糟粕,汲取精华,传承发扬。

愿景:力求革故鼎新,保持文化思辨力

就以语文教学为例,我们都知道,人们用语言来表达对周围世界的看法,表达自己的情感,语言可以说是文化得以传承的重要载体,它是

文化认同得以产生与维系的基础。但我们今天的语文教学还是存在着大量的问题,对此于老师不断地反思着,如在《中文自修》上发表的《对母语,应该有血肉亲情——我的伤感与希望》和答记者问《母语,民族文化的根》、《语文教学切莫边缘化》等文章中的分析深刻透彻。又如,她在《历史经验与现代生活的融合》一文中,对《美国语文》教材的特点进行了分析,并借此反思我们教学中从理念到方法的得失;而在《教改是时代发展的必然》一文中我们又可以看到她锐意变革的决心;在《语文课程标准与语文教师》一文中,于老师提出了"纵向继承"传统语文教学中行之有效的合理精华,"横向借鉴"国外母语教育的先进理念和有效做法。这点点滴滴的思考都让我们看到于老师开阔的文化视野,清晰的文化思辨力,以及深厚的民族情感。

作为教师,我们也应该成为文化的传递者与变革者,应该有能力指导学生通过学习获得更多的社会科学知识。教师自身能有清晰的文化认同,对本民族的文化遗产和生活经验,以及与他族的相互作用有着反思与清醒的认识,对于其他文化有着清醒而积极地态度。在教育学生尊重本民族文化的基础上,以理性的眼光去看待其他各民族的优缺点,以海纳百川的胸怀去包容各文化间的差异性,以"各美其美,美人之美,美美与共,天下大同"之心投入国际化的交流与交往中。

事实上,任何一个民族的文化都不可能是一成不变的,能够不断成长、成熟的文化才是先进文化。传承而非全然固守,鼎新而非全盘否定,对于文化不假思索地接受或否定,文化的精华都无法很好地保存,那么,文化也就无法健康发展了。而传承什么,如何传承则是思考之后的选择,有深入的思考才会有理性的选择。

剔除守旧封闭,增强文化内驱力

上海市东辽阳中学　张贤臣

于漪课堂

《孔乙己》教学片断

师:凡读过鲁迅小说的人,几乎没有不知道《孔乙己》的。凡读过《孔乙己》的人,无不在心中留下孔乙己这个遭到社会凉薄的苦人儿的形象。鲁迅先生自己也说过,在他创作的短篇小说中,最喜欢《孔乙己》。他为什么最喜欢《孔乙己》呢?孔乙己究竟是一个怎样的艺术形象?鲁迅先生怎样运用鬼斧神工之笔来精心塑造这个形象的?学习本文之后就可得到明确的回答。

过去有人说,古希腊索福克勒斯的悲剧是命运的悲剧,莎士比亚悲剧是主人公性格的悲剧,而易卜生的悲剧是社会问题的悲剧。从某种意义上讲,是有道理的。那么,孔乙己的悲剧是什么样的悲剧呢?悲剧,往往令人泪下,然而,读了孔乙己的悲剧,眼泪往往向肚里流,心里有隐隐作痛之感。这又是为什么呢?学习之后我们可得到回答。这篇文章是举世闻名的著作,情深、意深、含蓄、深沉,必须认真阅读,积极思索,好好领会。

视点:三次文化知识的填补

时隔三十多年,每每重温于漪老师当年的课堂实录,总是情不自禁

地为其"满贮着文化的精华"的课堂教学而击节称叹。在于老师的语文课里,她从不满足大纲和教材所规定的知识点,而是把课堂当作"教文育人"的广阔天地,打开四面窗户,引进八方来风,文史哲等各类知识信手拈来,使教学的整个过程充盈着浓郁的文化氤氲之气,师生都沉浸在如鱼得水、海阔天空的"文化之旅"中。

上面节选的仅是于老师的经典课例之一《孔乙己》的导入部分,但从中我们仍然可以真切地感受到其广袤的文化视野和厚实的文化素养。在这个简短的导入部分,给我们留下深刻印象的是于老师所作的三次文化知识的填补。其一,"凡读过《孔乙己》的人,无不在心中留下孔乙己这个遭到社会凉薄的苦人儿的形象。"这是一句关于孔乙己悲剧形象的经典评述,关涉作者的写作意图——"描写一般社会对于苦人的凉薄",也深得鲁迅研究者的认同,在课堂伊始介绍给学生,可以说切中了文本的"核心价值"。其二,介绍鲁迅先生自己对《孔乙己》的评价,用作者的"最喜欢"来强化学生对此文的阅读欲望。以上的两次补充,其实都是于老师从鲁迅先生与其学生孙伏园的一番对话中化用而来。"知人论世"、"以鲁解鲁",这种具备一定"文化含量"和"学术价值"的教学思路体现了教师重要的文化导引作用。其三,引介西方文艺理论中三种"悲剧"类型,涉及的作家纵贯古今,从古希腊三大悲剧作家之一索福克勒斯到英国文艺复兴时期伟大剧作家、诗人莎士比亚,再到挪威现代现实主义戏剧的创始人易卜生,展示了教师丰富而深厚的知识库存,为下一步学生在中西方文化比较的基础上,深入理解孔乙己的悲剧设下铺垫。

这三次文化知识的连续填补可谓丝丝入扣,使学生始终处于"愤""悱"的活跃状态,把学生的思路引向更为广阔的文化背景上,唤醒了学生内在的强烈求知欲。因此,从整堂课的实际效果来看,于老师的这三次增补的文化知识决不是哗众取宠的"噱头"和游离课外的"调料",它们完全是强化课内知识的需要,是对古今中外优秀文化的传播和弘扬,是着眼于学生整体发展和综合成长的"有意而为",是生成精彩课堂,构筑课堂文化气象的重要基石。

"汝果欲学诗,工夫在诗外。"课堂的精彩之处,看似偶然,实蕴必然。"我不得不用双倍乃至数倍的工夫学习,从语音、语法、修辞、逻辑到中外文学史,到阅读一定数量的中外文学名著,以文学史为纵线,以各个时代重要的作家作品为横线,纵横交错,再旁及其他,力求在两三年内把中文系的主要课程捋一遍,增添一点教学的底气。为此,拼命挤时间学。"从于老师的这段自述我们可以深刻理解为什么她的课堂总能在古今中外的优秀文化中自由出入,"满贮着文化的精华",更能理解为什么她的课堂让学生获得的不只是"语文",而是整个"文化",甚至更多,其背后其实是于老师多年来始终坚守的"教文育人"的语文教育观,以及强烈的使命意识和文化内驱力。

思考:语文教师的"阿喀琉斯之踵"

语文是"文化"的最基本的载体,是"人类文化的重要组成部分"。语文课理应弥漫着文化的芳香,给学生以文化的传承与滋养。可是举目我们的课堂,尊奉教参,不敢越雷池一步;考试名目繁多,全部答案只有"唯一";不闻书声琅琅,只见声光影电,图片纷飞;把鲜活的课文当作了印证某个应试知识点的"例子",优秀作品的文化价值、审美价值荡然无存。……从这些现象,我们不难作出判断:与于老师当年的语文课堂相比,我们今天的语文课距离"文化"已经渐行渐远,语文教学被"非文化"的异化现象是多么令人触目惊心。

探究语文教学的"文化"之魂丧失之所由,不能不联想到语文教师文化素养之严重缺失的问题。作为一个语文教师,本质上是在做文化的薪火传递工作,这就要求教师自己必须具备扎实的学术功底和深厚的文化底蕴。卢梭就曾言:"在敢于担当培养一个人的任务之前,自己就必须是一个值得推崇的模范。"从这个角度来讲,语文教师只有虚心好学,广

泛吸收，纵横古今中外，融得众家所长，积淀扎实的文化根基，才能让教学达到从容轻松、出入自由的境界，才能让课堂真正充满文化的活力。

遗憾的是，眼下这种对自我文化素养的提高和文化品位的提升有着强烈的内驱力的语文教师似乎越来越稀缺了。原因可能有二：一是在应试教育的挤压下，我们身不由己地被旧有的教学程式所裹挟或同化，"埋首于应试，汲汲于分数"。这种陈旧、滞后，与时代、社会脱节的语文教育现状，局限甚至阻塞了语文教学最大限度发挥效能的通道，反过来也必然影响教师文化心态的开放、多元以及专业素养的不断提升。于是乎，很多教师在忙忙碌碌、勤勤恳恳之中，逐步变成"两耳不闻窗外事，一心只教教科书"的教书匠了。

二是在凡事期望立竿见影的急功近利的心态下，我们的读书现状是不尽如人意的。提高文化素养当然不限于读书，但读书确实是一条捷径。即使处于已经进入信息时代、数字化时代的今天，读书而丰厚文化底蕴，仍然是主渠道之一。"我们曾多么热爱那些优美的文字啊！在希望的清晨，在忧郁的黄昏，在一灯如豆的温馨的夜里。一首小诗，如同一杯美酒，足以让我们陶醉半晌；而一个大师，就是一个精神的粮仓，哪怕正是困苦的荒年，只要手捧着一本名著，一连数日都会幸福不已。"这是诗歌《如果优美的语言文字离我们而去》中的一个诗节，它描绘了曾经一个个陶醉的关于读书的画面。然而，这样的与书本亲近的场面及感觉对于现在的我们语文教师来说，似乎已经无法想象了。正如特级教师谭轶斌所言："今天的不少教师，已从脑力劳动者蜕化成了体力劳动者。在他们的书架上，除了教科书和参考书，恐怕很难找得到其他的书，读书成为一种奢侈。"

毋庸置疑，文化素养的必然缺失已经成为语文教师的"阿喀琉斯之踵"。

愿景：剔除守旧封闭，增强文化内驱力

直面自己的"短处"，但我们并没有丧失信心。我们期待通过我们的共同努力呼唤语文教学"文化"的魂兮归来。

我们要努力挣脱旧有的语文教学程式的束缚,向自我封闭和盲从宣战,不断地开阔文化心态,更新文化理念。语文不只是"语"和"文",语文教学更不能仅仅局限于"语"和"文",语文学习的外延与生活的外延相等。为此,我们要确立大语文的观念,打破原有的课堂界限,打通各学科之间的通道;拓宽学生学习语文的天地,尊重学生多样的阅读和表达,让经典名著滋润学生的心田,提高他们的文化品位;摒弃应试的机械训练,使学生在优秀的文化精品中尽情徜徉、玩味、思索、吸取,使字里行间流动着智慧、张扬着个性。

我们要增强自己的求知欲望,努力通过读书来吸取古今中外优秀的文化成果,不断地优化自身的知识结构,不断地夯实文化底蕴,不断地完善自我,不断地超越自我。

众所周知,漫长悠久的中国文化传统中,读书曾经是核心价值之一,甚至被赋予过某种宗教意义。不可胜数的人将读书作为生活中最重要的至高无上的事情,可以说,读书是他们的宗教。当然,彼时的读书更多的是与"功利"和"谋生"联系在一起。现今,知识的发展呈跃进态势,知识的翻新,用"日新月异"来形容已不算夸张。做一个合格的教师,对新知识的追求,对读书的坚持,是丝毫不能懈怠的。尤其是我们语文教师,作为文化传承的使者,既要具备语言、文字、文章、文学、文化等层面的本体性知识,也要拥有教育教学理论方面的条件性知识,还要积累课程开发、教材研究与教学设计、信息处理等方面的实践性知识,更应该是须臾离不开读书的人,用于老师的话说,其实每天都是在走一条"丰富自己智力生活的光荣的荆棘路"。

纳百川以成海,观千剑而晓器。让我们携起手来,共同迎接语文教学"文化"的魂兮归来。

立足教育实践,更新文化认知力

上海外国语大学附属双语学校 樊 阳

于漪课堂

《晋祠》教学片段

师:×××同学讲了自己的意见,既然"悠久的历史文物同优美的自然风景浑然融为一体"是揭示晋祠的特征,为什么作者先写优美的自然风景呢?大家动脑筋。……

师:说明文,两者都美,风景美,文物美,但作者在这里更要突出什么啊?

生(集体):文物美。

师:先写风景美较容易,如果一开始就写"最美的",那么跟谁比啊?那就显得很突然了。风景美,文物美,确实使我们真切地感受到晋祠美不——

生(集体):胜收。

师:有人说:"看景不如听景。"因为你看景是看自然的原形,而听景,就是听人家介绍,读人家描写,这个时候你还可以享受到艺术加工的佳妙。我们现在读《晋祠》,除了认识所介绍的自然风景和历史文物外

(手指板书),还领略到作者进行的艺术加工,进行的艺术渲染,领略到艺术美,这就美上加美了。所以,文章的最后一句话:晋祠,真不愧为我国锦绣河山中一颗——

生(集体):璀璨的明珠。

师:……开头我们说了,晋祠只是《中国名胜词典》(出示书)中山西太原的一个条目,而这本词典有一千几百页,由此可推知,我们祖国的名胜古迹星罗棋布,首屈——(师、生集体)一指。

我们祖国历史悠久,中华民族数千年深厚的文化平铺在(手势)我们960万平方公里的土地上,这些历史文化哺育着我们世世代代的中华儿女,我们从祖国深厚的文化中吸取了大量的精神养料。

今天学《晋祠》,领略它的风景美、历史文物美,长大后,不仅要读万卷书,还要力求——

生(集体):行万里路。

师:对,有机会到祖国各地考察,放眼观看我们的壮丽山川,从中吸取丰富的养料,滋养自己,成为精神丰富的人。

视点:时代呼唤充满文化活力的课堂

今天我们重温于老师30年前《晋祠》结束部分的实录片段,眼前仿佛呈现出一场师生生命活力迸发的文化盛宴。教师娓娓道来,旁征博引,学生善思勤问,兴致盎然。在教师的引领下,学生们从眼前看似浅显易懂的说明文起步,神思飞扬,驰骋万里,仿佛遍游祖国山河;精骛八极,张弛有道,仿佛漫步文化长廊,师生生命的光辉在这里通过语言课堂绽放光彩!

光彩背后贯穿着于老师以文育人的教育思想,是她立体化课堂教学追求的集中呈现。她在《于漪和教育教学求索》中以此为例谈了她对立体化课堂四方面的追求:①全面育人的高度;②对教材挖掘的深度和广度;③教学方法灵活多变;④课堂的鲜明节奏。今天我们着重从于老师

对教材挖掘这一角度来看看这堂文化盛宴是如何形成的。

现在看来,于老师所说的"以全面育人的高度对教材进行富于深度和广度地挖掘",其实也就是教师以特别的文化认知力,对以教材为中心广布于我们生活周围及历史时空中的文化材料、文化现象,通过高度的文化自觉,挖掘其蕴含的教育意义,使之成为充满文化内涵与时代文化活力的教学内容。当它付之于教学实践的过程就是语文教育工作者文化传承的重要体现。

《晋祠》如果只把它作为一般说明文教学,不仅教学内容单调,学生也缺乏学习积极性。于老师以其特别的文化认知力发现了《晋祠》作为现代文艺说明文的独特教育价值。中国写景散文经过一个漫长的发展演变过程,到唐朝柳宗元《永州八记》确立了"情景交融"山水形胜为作者情感主体的美学特征,加上后封建社会儒释道互补,山水诗与山水画的融合,形成"宋元山水意境"那别具中国特色的美学范式。以至唐宋古文,明清小品文一以贯之。现代散文发展后,这一传统又有机地融合在朱自清、郁达夫、冰心等一系列散文作家的作品中,形成中国散文艺术的独特魅力。这一文化传统反过来影响中国的自然山水带上浓厚的文学艺术沉淀,"风景""名胜"一直并言即其表现。于老师将比较《中国名胜词典》《晋祠》的不同表述作为突破口,固然有激发学生思维发展的作用,但我认为其根本在于让学生亲身徜徉在这一文化传统的文化场中,在思维碰撞里,体味文艺性说明文的本质特征,激发对祖国语言艺术以至文化传统的兴趣,从而产生探究的热情。果然,学生在第一课时最后,通过梳理文章结构,产生了写自然风景与写历史文物孰先孰后的困惑,在于老师的循循善诱下,学生深刻的领会了文章布局之妙,并通过于老师"看景不如读景"的艺术审美常识那通俗易懂的解说,初步领会了中国文学作品中山水名胜独特的艺术价值,完成对文化传统的巧妙传承,不知不觉中提高了学生对祖国传统文化的认知力。

重温这段经典课堂,我们不能不感喟于老师对文化材料、文化现象的高度教育自觉和实践能力,在她巧妙的编织下,历史时空、文化传统这些看似遥远空洞的概念顿时活化为精彩的教学内容,达到教文育人的目的。我们的时代多么需要这样充满文化活力的课堂啊!

思考:今天的语文课堂为什么缺少文化活力

反观今天我们所看到的很多课堂,不能不令有识之士忧心。那些问题课堂也许大致可以分成这样三类:①应试技巧型;②"教参"风向型;③泛"人文"型。

"应试技巧型"课堂将课文当作训练阅读写作考试的材料,将文本大卸八块,分析得支离破碎,用狭义的语文知识代替课文的知情意的综合,或用考试的阅读方式作为课文课堂学习的方式——尽管这种方式也是需要的,但不应作为语文教学的主体。这样的课堂尽管在平时各种"公开课"中难觅踪影,但在课堂实际中大行其道,急功近利的冲动让很多语文教师的课味同嚼蜡,甚至如同于老师批驳的"育分工场"。

"教参"风向型课堂是平时公开课中较多的类型,它秉承各种教育"新动向",各种教参、网上教案也往往应时而生,尽管教参、经典教案对教师非常重要,特别是青年教师,但没有对语文教学文化本质上的把握,没有对文本的个性化深入探究,更没有对学情的认真分析,所谓克隆出的课堂,往往张冠李戴,窘相丛生。这种风向下,多媒体辅助教学变成课堂主体,华丽的图片代替学生对文字的感悟,夸张的影像代替师生诵读中的品味……

泛"人文"型课堂在课改初期很普遍,现在还是有不少这样的课。教师往往对语文人文性或"与文本对话"的片面理解,有的将所涉及的课文材料内容简单化为教学内容,造成《小石潭记》大谈中国石头文化,《中国石拱桥》变成中国桥历史的罗列,把自家的地,挪作别人的田;有的在教学中过分强调阅读主体的自主参与,弱化教师引导的作用,致使

"对话"几乎变成学生的"自说自话"与脱离文本的"浮想联翩",教学内容仅仅变成了文本所蕴含的思想感情的言说,加之教师的"全面肯定"、"不置可否",学生云里雾里,多年后,让学生对语文课评价为"知识"含量最低的低效课。

这些严重问题,其实是急功近利应试为本的教育环境下,教师文化认知力的缺乏或文化认知力的空洞化、概念化造成的。"唯分数""唯传统语文知识""唯教参""唯教育时尚""唯学生本位"等是其中的一些典型表现。由于缺乏对优秀文学文化传统的自觉传承,对语文工具性人文性的片面理解,造成课堂的窒闷低效,使学生缺乏对优秀文学文化传统的了解与热爱,学生文化品位走向时尚化、娱乐化。

认知力是主观对非主观的事物的反映能力,认知力越高,反映越接近事物的本质。广义智力论认为,智力就是人脑先天就有的由定向力、认知力、调控力三类因素组成的三维立体结构系统所具有的综合功能与能力。可见认知力在人的智力开发中的重要作用。作为语文教育工作者,其文化认知力应该具有怎样的特点呢?海德格尔曾言:"语言是人类的家园。"其追随者伽答默尔在《人与语言》中也曾这样说,"语言是储存传统的水库","语言是人类社会性遗传的主要渠道,精心地把自己的精神生活的全部痕迹都保存在民族语言中"。于老师告诫我们,"钟情于祖国的语言文字,就直接触摸民族的历史与文化,领悟其价值和精神追求,体验各个时期各类作品表达的思想感情。因此,语文的内涵绝不是一篇课文一个课堂所能局限的。"语文教育者由此必须具有与语言一体的文化自觉意识,善于以课文为载体,发现文字背后蕴含的丰富的人文信息,并巧妙地转换为教学内容。这就是我们追求的语文教师的文化认知力。

语文教材以"选文"为基本施教单元,一篇"选文"往往是一个综合、完整的信息系统,既包含作者的思想倾向、审美情趣,又反映着一定时代的社会生活、文化风尚，还具有语言表达的示范意义等多种信息，是语文学习的综合材料。从教学实际来看，这种综合性很强的学习材料要转化为合适的教学内容，常常需要一线语文教师对一篇篇课文进行二次加工，而二次加工的过程必须要有上述语文教师的文化认知力，以确定文本教育的文化意义，实施有效的课堂教学，从而生成充满活力的文化课堂。

愿景：在教育实践中更新文化认知力

实践证明，文化认知力的缺乏或空洞化、概念化造成当代教师教学中"唯分数""唯教参"，"唯传统语文知识"的倾向。作为当代语文教师面对现实传统价值崩溃，新的价值尚未确立的时代，自己的文化定力与文化认知力的培养与发展显得尤为重要。

于老师曾说："我的成长道路让我懂得教师须有较为广博而深厚的学养，因而，不断努力学习，这或许就是我进步之因。"作为一线教师，除了专业的学习，生活的历练以外，提高文化认知力主要还是在日常的教学实践中。教育不仅仅是不断被挖掘的过程，更是一个不断增进学习的过程。德高望重的于漪老师以"一辈子学做老师"为座右铭，何况我们中青年老师呢？

要更新文化认知力应包括以下三个方面。一是对文化教育意义的自觉意识，这里的文化，既包括中国优秀传统文化，现当代优秀文化，也包括世界其他优秀文化。教育意义的自觉意识，也就是能从纷繁复杂的文化现象中，理清文化发展脉络，把握其中蕴含的现实教育价值，使语文学习始终有现实生活的源头活水，并使这活水能追溯到中外文化的源流。比如现在教材的单元设置都以某一主题词为核心，对这一主题词在中外文化的发展中处于怎样的位置，在现今的文化潮流中又有怎样的发展变化，我们不仅应了然于胸，而且要自觉地与语言文化有机结合。于老师在三十年前教《晋祠》时，抓住了《中国名胜词典》发行，现代旅游

刚开始萌发的文化现象，巧妙地进行语言比较，激发学生探究与行走祖国山河的兴趣。现在二期课改新教材将之放在初三上"文化长廊"单元，现代旅游成为城市人们重要的休闲方式，同时文化遗产保护与开发的矛盾也成为文化的焦点，这些文化现象就应成为我们当代教师的认知对象，从而自觉地去发掘其现实的教育意义。二是对文化当下价值的自觉践行，在对文化现象材料的教育价值自觉意识之后，应认真思考它在课文教学中如何巧妙呈现的问题，接着投入教学设计，使自己的教学保持文化的活力。三是对文化尤其是教育文化，要与时俱进及时更新。

总之，我们应立足教育实践，增强对优秀文化传统的教育意义的自觉意识，在教学内容的开发上，以广阔的文化视野关照现实生活与学生实际，找到传承文化传统的现实契合点，从而将优秀文化传统的传承落在实处。

语文教学须着力于提高学生文化判断力

上海市敬业中学　兰保民

于漪文摘

"带领学生走进文本"评课摘录

学生为什么佩服周杰伦？他觉着周杰伦很有本事，他能够自己作词，作曲，自己唱，作为一名台湾的歌星，有中国文化的底蕴，又有西洋的摇滚乐的风格，会提琴，会钢琴，会各种各样的乐器。孩子现在崇拜的对象，虽然不说是综合素质一定很高，但一定要非常能干，非常有才华，这一点是没有错的。我们现在上课，一定要用非常高雅的、长盛不衰的、凝结着人类智慧结晶的东西去软化他，去感动他的心灵。（2007年4月24日，杨浦高级中学评课现场）

《说"文化判断力"》（节选）

文化对学生有巨大的穿透力，犹如水击石，或冲刷，或细镂，锲而不舍，石头就被雕塑成令人叹为观止的奇形异态。每位学生都生活在一定的文化氛围之中，由于兴趣、品位的差异和不同文化的感染、塑造，在不经意之中，精神世界的高低就大相径庭。为了今日的健康成长和明日的长足发展，从而成为情操高尚心灵丰富的人，提高文化判断力至关重

要。(《于漪新世纪教育论丛·凝望》,广西教育出版社,2008年12月)

《精选·沉思·积累》(节选)

阅读能使人聪慧,使人精神富有起来,使人胸中拥有天地万物,通观古今中外。而要实现这美好的目标,须在精选、沉思、积累上花气力,切莫读而无益,蹉跎光阴。(《于漪新世纪教育论丛·凝望》,广西教育出版社,2008年12月)

视点:周杰伦的意义

毫无疑问,"周杰伦现象"是当下流行文化的一个典型代表,用于漪老师的话说,他差不多打倒了中学生中的80%,这说明,在中学生世界里他有着极为广泛的影响力。对"周杰伦现象"做出怎样的判断,持什么样的态度,不只是一个教育观念问题,还是一个文化价值观的问题。

其实,于漪对"周杰伦现象"的态度并非是一成不变的。刚开始,对于这种RAP风格的音乐形式,于漪的态度基本是否定的。但当认识到周杰伦对中学生的巨大影响力后,她开始认真对待这一现象。经过深入了解,她认识到,学生喜欢周杰伦是有原因的。而于漪对周杰伦的认识,在当前复杂的文化语境下,对我们思考如何提升自我的文化判断力,从而培养学生的文化判断力,同样会带来许多有益的启示。

如果不必刻意粉饰现实的话,那么我们就无须讳言这样一个事实:我们所处的时代,是一个文化空前繁荣的时代,又是一个文化空前荒芜的时代。

这是一个狄更斯式的悖论。也许是处在文化转型期的原因吧,我们这个时代的文化生活才会如此纷繁复杂,文化景观才会如此晦暗不明。一方面,随着改革开放的日益深化和国际化程度的不断推进,海外各种文化思潮和文化形式竞相涌入;一方面,随着信息化程度的提高和媒体技术的发展,各种文化信息成几何倍速增长,令我们目不暇接,各种思想观念披着各色各样的外衣,冲击着固有的价值体系;而随着市场体制的建设,生活节奏越来越快,社会竞争越来越激烈,文化生活中的工具理性、精英意识、功利取向和娱乐快餐形式,也正以强劲的势头,急欲取代原来的价值理性、大众情怀、精神追求和经典精神。再加上在国际化进程中对民族"文化失重"的反思和"文化自信"的"自觉",各种打着"普及"的旗号、以快餐形式出现、以"国学"面目示人的出版物和电视节目也充斥在我们的文化生活中,与之相伴而生的,就是数量惊人的文化泡沫的形成。

在这样的情况下,以传承文化为使命的语文教师,就不能不把提高学生的文化判断力作为自己的自觉意识,在教书育人的实践过程中,去达成这一目标。只有使学生的文化判断力不断提高,才能使他们在纷繁复杂的文化生活中不至于迷失自己,才能在精糟并存的文化景观面前保持清醒的头脑,自觉地以人类文化的精华来提升自我,滋润心灵。

从于漪老师对"周杰伦现象"的评论中,我们发现,对当前流行的文化现象,于漪老师常取审视姿态。但绝不能因此就以为她是因循守旧,固守传统的,恰恰相反,正是这种审视的姿态,赋予了于漪老师以理性的眼光,从而让她对当前的流行文化,并不是采取一味否定、全盘抹杀的态度。透过"周杰伦现象"的流行表象和商业化运作的形式,于漪老师仍然发现了它值得肯定的价值。首先是它的文化内涵。从《东风破》、《青花瓷》等歌曲的歌词中,于漪发现,这些作品并不是毫无内涵的苍白叫嚣,而是借助了许多颇富意蕴的古典文学意象来表达现代人的情感,从而符合中国艺术含蓄蕴藉的审美传统。因此,它的表达不是脱离中国传统文化谱系的"无根"的艺术形式,而是建立在古典文化传统上的对现代人情感和情绪宣泄方式的一种新追求。尽管容或有粗糙之处,有媚俗之态,但其艺术气质却不能一概否定。其次,于漪从来就反对食古不化、因循守旧,而主张兼收并蓄、与时俱进。从周杰伦的歌曲中,她发现了在文化多元、节奏加快的现代社会中,流行音乐融贯中西表达自我的一种

努力。第三是他的创造力。"别人唱歌一学就会,周杰伦唱歌你学不会。"从朴素话语中,于漪感受到了学生对周杰伦艺术创造力的肯定。文化总是在制约与创造的矛盾运动中不断发展的,没有制约,就脱离了传统;没有创造,就丧失了生命力。因此,有价值的文化形式和艺术作品,总归要包含着创作者的创新精神,而不是固守传统因循守旧,或人云亦云。

于漪对当下文化现象的理性精神是值得每一位语文教师学习的。在当前复杂多元的文化语境中从事语文教学,确实面临着许多困难。我们固然要用经典文化来教育学生,让他们学习优美的语言文字,提升境界,丰富心灵,这是语文教学的重要阵地;但是不管是谁,都不能妄想拔着头发离开地球,语文教师也不能要求学生对身边世界熟视无睹。一味抱怨现实,无济于事;对现实文化生活中鱼龙混杂的现象一概接受,更是一种职业不作为的行为。因此,关键是要培养学生的文化判断力,从而引导他们从良莠并存的文化产品中去粗取精,并形成文化判断的自觉意识和能力。

思考:为什么要提高文化判断力

"判断力"是康德哲学思想的一个重要范畴。于漪在《说"文化判断力"》一文的结尾曾引用康德的一段话:"愚昧的人之所以区别于聪明的人,根本在于他不具有判断力。"在康德看来,世界的本质和规律是带有浓厚先验论色彩的神秘的"物自体",人类的认识只有抵达"物自体",才能由"必然王国"进入"自由王国"。但是,人类的认识和实践活动往往局限在"现象界",受制于各种各样的偶然性与必然性而不自知,困扰于纷繁复杂的是是非非而又不自明,因此,就会像卢梭所说的那样:"人是生而自由的,却无往不在枷锁之中。"而判断力,亦即审美判断力,则是沟通"物自体"和"现象界"的桥梁。凭借判断力,人们从作为对象的丰富而又独特的个体现象中窥见了宇宙自然(头顶的灿烂星空)与人类社会(道德律令)的秩序和法则,从而获得心灵的愉悦和精神的自由。

于漪把"判断力"从哲学领域引入语文教育学领域,并将其由"审美判断力"转化为"文化判断力",充分表现了她敏锐的教育眼光和开阔的理论视野。教育的本质是什么?归根结底就是为了达成人的全面自由,实现人的全面发展。于漪曾经在多处引用柏拉图"洞穴里的囚徒"这一著名比喻来阐述她对教育本质的理解。就语文教育而言,这种对人的发展与自由的追求,主要表现在两个方面,一是解放人的言语束缚,发展其言语能力;二是解放人的心灵束缚,发展其人性能力。而要让这种对语文教育本质的追求由希望转变为现实,其前提条件则是,教育对象长期处在规范优雅的言语作品和积极的言语实践活动所形成的良性言语生态环境中,通过学得与习得,激发言语潜能,浓厚言语兴趣,掌握言语规律,优化言语行为;另一方面,他所接触到的言语作品和言语行为,其承载的人文意蕴又必须是人类优秀心灵的表达、民族传统文化的积极弘扬和时代文化中的精华。在这样的人文环境中,他们经过长期的熏陶、习染、感悟、认同,最终内化为其自身的优良品性,从而使其心灵世界得到净化,精神境界得到提升,人性能力得到发展。这种人性能力与其发展了的言语能力相结合,形成了学生的整体语文素养。这是语文教育的一种理想状态。

但是,理想毕竟是理想,而现实文化生态的驳杂纷乱则是不容回避的。如上所述,处在当今的文化生态图景中,如果教育主体(教师和学生)缺乏文化判断力的话,势必会被淹没在各种媒体、出版物和流行话语所形成的莽莽苍苍的文化丛林中,看不见阳光,辨不明方向,认不出是鲜花还是毒菌,分不清是陷阱还是宝藏,时时处处受制于"现象界"的制约,一傅众咻,只能仍然沦为现实的奴仆,何谈言语与心性的自由呢?

由此可见,文化判断力是语文教育实现人的言语自由与心性自由的必由途径,是沟通教育现实与教育目的的桥梁。通过卓有成效的语文教育,提高学生的文化判断力,就能够使学生获得超越现实纷繁复杂的言

语现象和鱼龙混杂的精神产品的批判眼光,从而凭借自己的兴趣和品位,自觉地亲近那些有益于心性发展和语言能力提高的东西,而远离那些无聊甚至有害的东西。这样,语文学习目的的达成也就真正地走上合目的性与合规律性的康庄大道了。

从于漪的相关论述中,我们发现,文化判断力及其形成有四个关键词:穿透力、批判力、文化品位和阅读积累。一个有文化判断力的人,一定能够以敏锐犀利的目光,穿透文化泡沫、文化包装和文化宣传的层层障碍,洞悉某一文化现象或文化作品的精神气质和文化价值;从而张扬起自己的理性精神,调动自己的批判力量,择其精华,弃其糟粕,让优秀的作品滋养自己的心魂。而具有穿透力的文化眼光和具有批判力的文化精神,必须有这个人的文化品位打底。在于漪老师看来,文化品位至少包含两个方面,一个是文化趣味,一个是文化心态。在《说"文化判断力"》一文中,她曾以西南联大的学风为例,强调了"Taste"(趣味)和"Vanity"(虚荣心)的重要性。正是"趣味"决定了选择的优劣,一个文化趣味高雅的人,必然不会垂青于"三俗";而一个人如果在文化面前有了虚荣心,则会丧失文化判断力,要么附庸风雅,要么趋附时尚,不再以文化价值的高低作为对文化现象进行理性思考和选择的标准。可见,在文化判断力的诸要素中,文化品位是至关重要的。而文化品位的形成又绝不是一蹴而就、瞬间形成的,它需要一个人长期地阅读人文经典,广泛地接受人类优秀文化成果,包括文学、艺术、科学、哲学等,并在实践中予以巩固、体验和内化。于老师有许多文章,一直强调"精选""阅读""积累""思考"的重要性,呼吁教师不仅要对学生,而且要对自己"饮之以醍醐,灌之以琼浆"。

愿景:语文教师,从育分者到培养文化人

那么,当前的语文教学应该并且能够担负起提升学生文化判断力的重任吗?按理说我们的回答应该是响亮的:责无旁贷,力所能及。

但是，当我们平心静气地审视一下语文教学的现状，就会觉得这一声回答是多么底气不足，声残力支。且不说"工具论者"对这一责任的排斥与推卸，也不必说整个教育的功利取向对这一价值追求的稀释和冲击，单看当前从小学到高中乃至大学的语文课堂上的功利、僵化和孱弱，就足以让人泄气的了。

在这里，我想，我们完全没有必要像怨妇一样去数落时下语文教学的种种不足，去责备使语文教学呈现为如许怪状的诸多因素。我们需要思考的是，从于漪老师的教学经验和成长历程中，我们应当得到哪些启示，作为语文教师，要想从一个育分者，转变为培养"文化人"，我们应该做什么。

育分，也就是让学生在应试时取得好成绩，从而获得一个更好的前途，赢得一片更广阔的发展空间，这对不对？当然是对的，但这绝对不是语文教育的全部。《论语》中记载了一个故事：子张学干禄，子曰：言寡尤，行寡悔，禄在其中矣。就是说，有德之人，必有厚禄，干禄之道就在"谨言慎行"的修德过程中，此外无需他求，也无可他求。其实语文学习也是这个道理：言多蓄，心多慧，分在其中矣。为谋分而一味地对文章进行肢解分析，机械训练，不仅不是语文教学之道，而且也不是育分之道。只有在培养学生的文化意识，提升学生文化判断力上下工夫，才是语文教学的正途。

因此，语文教学的正途，必须沿着培养学生文化判断力的方向发展，以优秀的文学和文化作品熏陶学生的心灵，通过广泛阅读使学生变得明智起来，聪慧起来；让学生在丰厚的阅读积淀的基础上，明确对文化现象和文化产品的价值取向，从而自觉地选择那些珠玑文章陶冶身心。锻炼一双辨美丑、识优劣的慧眼，养成高雅的文化品位和阅读趣味，对那些文化垃圾，哪怕是它披着再华丽炫目的或时尚或古典，或洋化或传统的伪装，也能够如闻恶声、如嗅恶臭一样远离它。只有这样，语文教学

才能够真正担负起育人的责任,而不是在育分的歧途上苦苦地挣扎。如果一味机械训练,阅读则是一课一练,写作则是因袭套作,那么语文教学就只能走入死胡同。

当然我们也完全没有必要悲观,在训练的刀光剑影中,我们仍然会发现一些有见识的语文教师为了给学生展现魅力的文化沃野而辛勤耕耘的身影。如复旦附中特级教师黄荣华,原杭州外国语学校的郭初阳等,他们都在引领学生精选明辨、博览深思上下工夫,取得了语文教学的累累硕果,培养了大批优秀学生。但是,平心而论,就整个语文教学而言,我们在培养学生文化判断力上所下的工夫实在是太少了。

真心期待,语文教学园地中多一些在文化沃野上辛勤耕耘的身影,少一些机械训练的刀光剑影。

语文本无适俗韵

闵行教师进修学院　金　中

于漪课堂

片段一：《周总理，你在哪里》的课堂导入

请同学们回忆一下，1976年1月8日是怎样的一个日子啊！那一天，哀乐低回，江河垂泪，大地哭泣。伟大的马克思主义者，杰出的共产主义战士，我们敬爱的周总理与世长辞了，一颗伟大的心脏停止了跳动。人们失去了自己的总理，心像刀绞，泪如雨下，千家万户，万户千家，涌向周总理生前战斗过的地方，涌向天安门广场，涌向十里长街，呼唤人民的好总理，渴望最后见一见与人民心连心的好总理。当时的悲壮情景正如《金缕曲》中所描绘的："念年前伤心情景谁能忘记？缓缓灵车经过路，万众号呼总理，泪尽也赎公无计。"十里长街送总理，冒着凛冽的寒风，爷爷抱着孙子，老泪纵横；孩子搀着母亲，失声痛哭；男女老幼，无不沉浸在巨大的悲痛之中。这是人民的悼念，是古今中外从未有过的人民的悼念。

人民失去总理，人民需要总理，想念总理，要把自己的总理找回来，诗人就是在这样广阔的历史背景下，代表人民的强烈意愿，写下了这首

感人肺腑的优美诗篇。

片段二:《茶花赋》的课堂总结

祖国如此伟大,人民精神如此优美,一朵茶花能容得下吗?能给人以启发、深思吗?能!为什么能?由于作者运用丰富的想象和联想,进行巧妙的艺术构思,不断开阔读者的视野。由情入手,而景、而人、而理,水乳交融,意境不断深入。从茶花的美姿和饱蕴春色,看到祖国的青春健美,欣欣向荣;从茶花栽培者的身上感到任重道远,创业艰难;从茶花的含露乍开,形似新生一代鲜红的脸,表达对未来充满希望,意境步步深化。而三幅构图各具一个眼——"醉"、"操"、"开",十分传神,像拨亮一盏灯,使满堂生辉;又似金线串起散落的珠子完成一件艺术珍品,使人深思,引人遐想。

片段三:《假如我教诗八首》中所设计的教学环节

环节一:看诗作画。以"风吹草低见牛羊"、"笑问客从何处来"、"千朵万朵压枝低"等诗句为题分别作画。(与美术课结合,请美术老师指点评论)

环节二:在月夜时观察月光、月色,增加对"地上霜"的感性认识,选择恰当的词句对它们进行描绘。观察周围的花、草、鸟、蝶,注意它们的静态、动态,并用恰当的语句表达出来。

视点:课堂因高雅而诗意清泠

无论是《周总理,你在哪里》的导入,还是《茶花赋》的课堂总结,包括平时教学设计中的诸多环节,于漪老师的语文课堂总是会创设一个高雅情境,一个诗意氛围,给年轻的语文教师作了很好的垂范。

在《周总理,你在哪里》的导入中,她饱含深情地用诗一般的语言,吟出内心深处对总理的敬爱,吟出亿万民众对伟人逝世的悲痛,给学生营造了一个真实情境,给课堂创设一种庄严氛围;在《茶花赋》的课堂总结中她同样以饱满的深情给学生以精神引领,引导学生培养热爱祖国,热爱劳动者的高尚情怀;而在《假如我教诗八首》的教学设计中,将读与写结合,将想象与绘画相融,这种手法也可算是具有素质教育特色的案例,是学科之间贯通相融的有效举措。

这些课堂教学无论是过程与方法的设计,还是对学生人生态度的引领,都属于"大雅"的范畴。虽然,这些方法在现在的公开课上已经屡见不鲜,甚而更为高明巧妙,然而任何一种教学方法的建构都必须建立在与内容水乳交融的基础上,只有这样方为天衣无缝,否则就有作秀之嫌。而现在的课堂,尤其是公开课正充斥着诸多作秀的不良风气,本该属于"大雅"的语文课堂正被浮躁的"大俗"风气一点点蚕食。

与此同时,校园文化也正在失去雅的阵地,随着网络媒体的发展,学生的信息量庞大芜杂,网络文化使纸质文化受到冷落,学生的阅读取向有所变化,比较倾向于阅读浅层、新鲜、时尚的视听超文本。即使有些学生仍然在阅读纸质文本,而这些课外读物亦良莠不齐。面对这种情况,我们的语文教学如何能固守半亩高雅的文化净土?

思考:语文本无适俗韵

语文是什么?

语文是《诗经》中"蒹葭苍苍,白露为霜"的高洁无尘与心灵召唤;是唐诗中"山回路转不见君,雪上空留马行处"的不尽情思和袅袅余音;是明朝张岱《湖心亭看雪》中的一句"莫说相公痴,更有痴似相公者"的执著寂寞和一往情深。语文本无适俗韵,从教育功能上看,语文更是引领学生走向精神高地的一架天梯或一个平台,所有语文教师都有责任将几千年的文化瑰宝和精神财富传承下去,用高雅纯净的文学乳汁滋养出具有健全文化人格的年青一代。

而要让语文发挥这样的功能,就必须去除目前影响语文教学的三俗现象。

一、课外读物的低俗化。

目前中学校园里的读物大多是通俗流行小说,而经典名著鲜有读者。笔者曾经在重点中学的一个尖子班做过调查,全班完整阅读过《红楼梦》的仅有一名同学。传统的四大名著尚且遭受如此冷遇,遑论国外的经典名作?摆在学生案头的大多是《鬼吹灯》《宫》《长生界》《佣兵天下》等穿越、玄幻小说。

通俗读物很大程度上只是"文化快餐",它担当的是娱乐的角色而非教化的重任,因而所涉及的内容相对肤浅,它缺乏文化个性和创造性,更多的是给工作忙碌的大众一种感官上的享受,具有一定的盲目性、低浅性、商业性。因此,当学生长期处于这种课外读物的包围之中,他们就会成为在精神上吃"麦当劳""肯德基"长大的一群,外形剽悍,体格孱弱。从长远角度看,对中学生读物的遴选与指导工作迫在眉睫。

要将学生培养成为品位高雅之人,教师需用大量介绍并推广经典著作的阅读,让学生反复地含英咀华,吟哦朗诵,写作模仿,直到应用自如。

二、课堂教学的媚俗化。

新一轮课改大潮席卷而来,许多教师对教改精神理解并不透彻,只是人云亦云地担任盲从者的角色,在教学中往往重形式而轻实质,使课堂变成一次次的作秀。

改革并不摒弃优秀的传统,并不是对传统教学方式的"彻底颠覆"和"推倒重来",而是一种扬弃;如果不能潜心钻研前人优秀的教学成果与方法,在借鉴学习的基础上改进自己的教学,这样的改革只是无源之水,无本之木,而所谓的改革举措只能演变为实施过程中的庸俗化、形式化、教条化与虚假化。

一个缺乏独立人格的教育工作者又怎么能高质量地传承文明的薪火?

学生是课堂的主体,作为教者应当激活并尊重学生的思维,形成思维的交流、碰撞、对话。然而,有些教师为了拉近与学生的距离,满口网络语言,或者课堂不停地翻新花样,可以独立思考的问题必然要有课堂讨论的环节,小组合作亦流于形式,形成课堂的伪民主,假合作。对于学生的回答一味给予肯定赞扬,而缺少必要的点拨、纠正与提升。课堂变成了跟风、模仿与花样大比拼,而缺少于漪等前辈留给我们的独立钻研的精神。

江苏特级教师黄厚江老师说:"听那些没有根底的老师在变着法子'导'来'导'去,还真不如听那些的确有'根底'的老师'讲'上一课。"①此言甚当,如果老师不注重站在一个高度来引领语文课堂,只是在课堂上忽悠学生,造成表面的繁荣,后果必然贻害无穷。

三、教学内容的浅俗化。

有些课堂看似热热闹闹,结束后却无余韵,无思考,无继续探究的可持续发展兴趣与欲望。个人认为,一堂好课应当是要给学生"留白"的,留白是中国画的技法,它同样适用于语文课堂。对此,可从两方面进行理解:

一是语文教师在一堂课将课文解读完毕,即使形式上再完美,但如果没有引发学生心灵碰撞的内容,没有引人深思的厚度,这定非是教学的成功,语文课堂不应是"快乐而肤浅"的,而应是充满内在张力的,有体验提升的,有思想深度的过程。

二是教师将拓展延伸的知识全部搜罗灌输给学生,却没能引导学生进行课外探究,给学生指点一个"曲径通幽"的方向,让学生在探究中发现语文的唯美与其乐无穷,也定非是成功的语文教育。

而要做到课堂的不浅俗,须得语文老师不断培养自身的钻研能力,引导学生爱学乐学。语文是工具性学科,同时又是人文性学科,在这里有自然景色之美,有生活情趣之美,有自然现象之美,有历史悲壮之美,有民族传统之美,以及汉字独特而丰富的内涵,这是语文学科特有的美

感，教师要引导学生充分感受语文的人文之美，感悟语言文学的意蕴美、音韵美、形体美，从而产生热爱祖国语言文字的感情，最终上升到产生乐于欣赏运用语言文字的强烈愿望。教师应通过自身的审美体验去激励学生自主阅读探究，引导学生塑造自我个性，使他们走上更健康的自我发展道路。同时更要思考如何在教材的基础上做到拓宽与深入，带动学生不停留于文本。

上海特级教师程红兵曾经忧心忡忡："中学教师的情况，能上好一堂公开课的不少，基本独立备课独立研究的不多；各类比赛得奖的不少，能够把初中或高中三年课上好的不多；到处表演的明星不少，而能形成自己风格的不多；发表论文的不少，而真正有建树的不多；语文口号模式不少，但流于概念炒作的太多。"②

没有扎实的专业素养，只有所谓的新理念，只能使语文教学离语文更远。

愿景：语文永远是传播高雅主流文化的阵地

一、希望学生读好书。教师要指导学生阅读优秀文本，扩大课外阅读量，增加知识储备和人文积累，提高学生的阅读鉴赏水平，进而提高学生的语文素养，要让学生做到不读低级趣味的书，少读流行通俗的书，多读中外经典的书：文学的经典，艺术的经典，哲学的经典。经典是大师人格的结晶，是时间淘洗后沉淀下来的金玉，是人类文化的珍贵财产，学生阅读经典，才能"腹有诗书气自华"，才能锻造高洁的情操，高尚的人格。

二、建议教师讲好课。保持高雅的语文课堂，首先需要教师高贵的不媚俗的独立人格。语文教师是需要真性情的，"由来意气合，直取性情真"，矫情、做作、市侩、俗气都是语文教育工作者的大敌。课堂不要追求浮华的形式，不要为了刻意迎合学生的趣味而失去个性。在课堂上一定要去除媚俗化的倾向，任何一名知识分子，都应该有独立思考的精神与独立的人格脊柱,不能让时尚的思潮淹没了自己的个性,绝不能跪着就把书教了。

当然语文教学的高雅不是要求我们故步自封,禁锢于象牙塔之中做学问,它不排除大众文化中的精华。现代语文课程文化资源应该是多元的,视野应该是开阔的,但是语文课程作为母语教育的基本形式,不能背离语文课程的性质特点,语文课程文化资源不能损害语文课程文化基质,我们希望语文永远是传播高雅文化的主阵地,语文课就是教师带领学生进行文化认祖归宗的一场寻根之旅。

注:

①《名师讲语文丛书——黄厚江讲语文》

②《名师讲语文丛书——程红兵讲语文》

注重自我个性,反对教育的从众化

上海市静安区教育学院附属学校　王晓燕

于漪观点

教师就是要用自己的聪明才智,帮助学生成为积极的思考者和真理的发现者。"授人一鱼,仅供一饭之需;教人一渔,则终生受用无穷。"

关于如何培养"发现者",于漪老师在《于漪与教育求索·我的语文教育观》中如是说:

由于人们的社会环境、生活环境和所受教育的相对稳定性,人的心理习惯和思维习惯常会出现某种定势。比如说,教师在设计教案时总是考虑如何启发引导,把学生的思维纳入教师预定的轨道,使全班同学沿着同一思路思考,最后得到一个统一的答案。这是我们比较习惯的做法,这种做法在一定程度上束缚人的思想,扼杀人的创造性。

在课堂教学的适当时候,我常抓住课文中的某些段落、某些词句、某些问题组织学生评长道短,论是说非,学生常会出现思维的"神来之笔"。比如,当学生对《珍珠赋》的思想内容与写作特色有所掌握时,我就大胆"放羊"。学生思想上的闸门一打开,种种看法奔涌而出,不仅在语言上咬文嚼字,辨微析毫,而且涉及内容、结构、文风的探讨……因此,

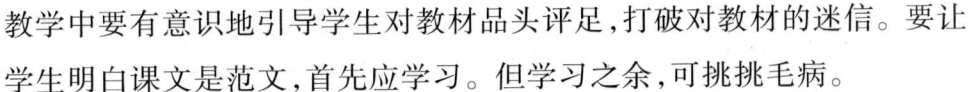

教学中要有意识地引导学生对教材品头评足,打破对教材的迷信。要让学生明白课文是范文,首先应学习。但学习之余,可挑挑毛病。

视点:个性才是源头活水

于老师说,她"常抓住课文中的某些段落、某些词句、某些问题组织学生评长道短,论是说非",并风趣地称之为"大胆'放羊'"。这种无拘无束、云淡风轻,打开了孩子们"思想上的闸门",让语文课堂真正成为教师智慧引领、学生深入思考、师生交流畅通无阻的知识圣殿。我想,30年前于老师上《珍珠赋》、《谈骨气》等课例,所呈现的绝不仅仅是简单的"组织讨论"、"鼓励质疑"等教学手段,而是一种彰显个性、充满活力与生机的教学风格与教学理念。

从这个案例中,我们看到了于老师对语文教学的理解个性鲜明。"课文是范文,首先应学习。但学习之余,可以挑挑毛病。"可是日常的课堂教学中,"范文"惯常被奉为经典,教学难免沦为"有一说一"的枯燥模式,在这样的前提下,尽管我们可以条分缕析、字斟句酌,也可以声情并茂、激情澎湃,但学生学到的仍然只是一篇范文。这就难怪两三年前一篇介绍美国小学生语文课的文章居然引发了大家强烈的向往和激烈的讨论,文中的老师告诉孩子们"大作家也会有疏漏与错误",引导孩子们勇敢质疑,并最终找到"灰姑娘的水晶鞋为什么没有变回去",此教学环节一度令国内同行惊艳不已。其实,早在30年前,于老师就已经在引领大家探求语文教学的目的与方法了,她的课堂总是那么与众不同、引人入胜,正是这种个性鲜明的教育教学理念,使得于老师无论对教材的处理方式还是对学生的培养目标都有自己独到的一面,甚至小到一节课的导入也别出心裁。《晋祠》一课"开火车"的趣味盎然,《春》一课诗词回顾的清新雅致,无不显示了她深入的思考与精心的设计。于老师说她"一辈子做老师,一辈子学做老师。"这其中,蕴含着的不仅仅是虚怀若谷的品质,更有对教学永不停止的探究、思考。

高尔基说:"如果学习只在模仿,那么我们就不会有科学,就不会有技术。"同样,如果教学只是一味地模仿,而没有自己的风格与特点,就不会有课堂教学的灵动鲜活,不会有语文世界的姹紫嫣红。因此,注重自我个性,反对教育的从众化应该是我们深入思考的问题。

思考:顾虑只因"目中无人"

但时至今日,又有多少语文教师能够像于老师那样"大胆"地为学生创建一个可以张扬个性、闪烁思维火花的课堂呢?

"家常课"上,我们中的大多数不还在貌似循循善诱、实则喋喋不休地催问学生"修改后的句子和原文哪个更好"吗?以至于孩子们面对这类问题早已习惯不假思索地答出"原文更好",至于他内心是否认可,我们无从了解。

"公开课"上,40分钟之内的一招一式不也都历经了三番五次的琢磨、修改吗?教学的预设环节比例之大,让我们也禁不住怀疑这节课是给自己的心理安慰还是给听课者的礼节性表演。记忆犹新的是我和同组老师并开一节公开课——初中语文八年级课文《麻雀》,竟然如出一辙地向学生抛出了以下问题:"麻雀是怎样的鸟?""它和其他鸟儿有什么不同?""你认为麻雀类似于哪一类人?""回忆'托物言志'的写作方法"……面对三个班级一百多位学生,我们的公开课选择了"稳妥"。

也曾经看到学生为备战中考而归纳的"语文复习要点",其中对如何解答阅读理解题目竟可以细致到"格式化"、"公式化",据说按照此"公式"答题"得分率很高"。

……

个性飞扬的语文课需要爱心。于漪老师说做教师要"胸中有书,目中有人"。其中"目中有人"是指必须钻研学生,对学生满腔热情满腔爱。什么方法是有利于学生的,什么风格是学生真正能够接受的,什么内容是学生可以终身受益的……一节语文课,也许不能够面面俱到,但一定可以将上述利益最大化,将教育的效果最大化。或许其切入点在于对文本的理解、处理,或在于对学生现状的了解、尊重,或在于教师的个人魅力等等,但无论怎样变化、如何取舍,都是围绕教材、教师、学生三者之间的互动,既然教师学识、风格、经验不尽相同,学生基础、兴趣、性格也千差万别,就注定语文课堂应该是充满个性的、光芒的,即便使用的是同一篇教材。因此,我们首先要做到"目中有人"——要钻研学生,心中、眼中要有学生的基础,有学生的需求,有学生的现状,有学生的未来,惟其如此,才可能调动自己一切的努力将教材的处理、教案的设计乃至教学用具的选择都协同在"教会学生"这一目标下,从而摒弃"为了考试分数"、"为了取悦他人"、"为了跟随形式"等虚浮的做法。恰如于老师曾经说过的,教学生要"教过"很容易,但要"教会"是很难的。

个性飞扬的语文课需要智慧。我们曾经在语文教学的道路上苦苦探索、不懈追寻,经历了一次次的磨砺与改变,多少充满智慧与远见的教师为了语文课堂的生机与活力注入了毕生的心血。我们满怀希望地尝试课堂上进行小组讨论,尝试教学中应用多媒体,尝试解读教材的种种方法……于是,各种新鲜的教学理念与教学方法层出不穷,"同文异构"的活动久盛不衰,在教育刊物上,校际交流中,网上论坛里,名师博客里,几乎都可以看到,如果你愿意,大可以"复制"、"粘贴",或者"下载"、"保存"。但是,这几乎是无济于事的。充满智慧的教师在面对泛滥的资讯和众"说"纷纭时,应该能做出正确的判断和准确的选择,盲从和跟风只能导致邯郸学步的悲剧发生。智慧还表现在教师善于巧妙地扬长避短,用自己最擅长的方法诠释和演绎教材,用学生最喜欢的形式引导和保护学生学习的乐趣。

个性飞扬的语文课更需要勇气。敢于坚持自己的想法,敢于拒绝随波逐流的做法,敢于大胆地尝试,也勇于接受失败的教训。于老师上《珍珠赋》时的"大胆放羊"蕴含着多少勇气呵,但是她坚持对于教材"也可

以挑挑毛病"的做法，并热情地赞扬课堂上学生的思维出现了"神来之笔"！教育家乌申斯基说："教师个人的范例，对于青年人的心灵，是任何东西都不可能代替的最有用的阳光。"试想假如一节节语文课经年不变，一代代人的思想可以复制，这个世界将是怎样的因循守旧、乏味无聊。于老师大声疾呼我们要培养"创造者"，那么，教师何不就用勇气走出与众不同的第一步呢。

愿景：多一点改变和欣喜

谈到语文课，想起曾有学生在网上不无戏谑地说道："哥听的不是课，是寂寞。"也许偏激，但却折射出学生面对语文课堂的几多无奈。再看曾一度炙手可热的畅销书——《历史是个什么玩意儿》，此书出自北京一所中学的青年历史教师袁腾飞，他的历史课受学生欢迎程度之深，竟至于有人"愿为袁 sir 重考大学"！尽管袁老师对历史理解还有许多学理上的硬伤，但至少，袁老师的课一定是有个性的，是一个人面对历史在认真地思考并愿意与学生真诚地交流，他以其"既历史又潮流"的风格赢得了所有学生的青睐。

由此可见，改变，哪怕仅仅是一点改变，也可以令学生惊喜不已，一心追随。因为，改变能够让我们与众不同；改变，能够换一个角度距离学生更近，这就足够了。当我们不再盲从于形式的花哨，不再急切而生硬地为自己的课堂教学贴上某某理念的标签，也不再处心积虑地奉"考点"为课堂的主角，而是尝试看看学生目光中的渴望或困惑，尝试说服自己为他们开始做出改变，语文课应该不会太寂寞。

"教育者的个性、思想信念及其精神生活的财富，是一种能激发每个受教育者检点自己、反省自己和控制自己的力量。"这是苏联著名教育家苏霍姆林斯基所说的。其中"个性"放在了第一位，我想，因为它是培养"创造者"不可或缺的因素吧。

主张公益价值,反对教育的利益化

上海市第三女子中学　钱　春

于漪语汇

"教育的浅层次价值观是教育个体发展过分注重对谋生、谋取物质利益、博取功名的追求,无视或轻视个性充分发展及高尚境界形成的深层次价值。学校教育要使每个学生都得到比较全面的发展……人的生命体本身蕴含着多方面发展的潜能,教育的任务就是把学生的潜能变成发展的现实。学生都能得到发展,不仅是民主的基本理念,而且是每个学生的基本权利,学科教学要保护并尊重这种权利,创造条件实现这个权利。

"'情感态度和价值观'不能停留在表面理解,要深入一点,广泛一点。情感,既指学习动机、学习兴趣与学习热情的激发,更指内心体验的注重和心灵世界的丰富。态度,既指学习态度,学习责任心的培养,更指求实的科学态度,乐观的生活态度,宽容的人生态度。价值观,既要考虑个人价值与社会价值,又要考虑科学价值与人文价值,还要考虑人类价值和自然价值,强调它们之间的统一与和谐,追求真善美的境界。

"学科教育的终极目标是培养人,教育过程是培养人,知识技能是培

养人的有机组成部分,是人的成长不可或缺的阶梯。'手'是属于'人'的,不能说'人'就是'手'或'手'就是'人'。"

——选自于漪《我和语文教学》,人民教育出版社,2003年8月版

视点:教育的利益化使我们损失了什么

教育个体从教育中获得谋生的本领,进而谋取丰富的物质利益或者博取功名,这本是人的基本权利,无可厚非。但人如果过分注重这种追求,就只能实现于漪老师所讲的"浅层次价值"。于漪老师清楚地指出了教育要追求"个性充分发展及高尚境界形成的深层次价值"。遗憾的是,教育的这种"浅层次价值"正凭借其"利益化"的"天然优势",把教育的某些公益价值挤到了边缘。

教育的利益化使我们损失了太多!

受损最严重的是诚信。往高处说,诚信是人类一切组织形式的基础;往小处讲,人无信不立,诚信是一个人立足于社会的基础。可是,只要教育的利益化大行其道,诚信必遭破坏。如,把考分和学生前途紧密相连,大型考试就不得不制定一条条禁令来限制考生作弊,诚信被置于何处?为了上好一节公开课,有些教师会反复操练,把公开课上成表演课,这能给学生作出诚信的引导吗?学生如违反了校纪校规,家长有"能耐"的可大事化小,得到"灵活处理",反之则"纪律严明",不能"越雷池半步"。这种普遍的现象又将教育的诚信置于何处?将教育的公益价值置于何处?

平民教育家陶行知先生特别注重一个"真"字,提出"千教万教,教人求真"、"千学万学,学做真人"。陶先生是很看重这个"真"对个人和民族的重要价值的。学校教育要坚持不懈地进行"求真"教育,才可能收获"真人"。于漪老师自己在"文化大革命"期间也曾遭遇过"诚信"危机,被人质疑,甚至被诋毁,但于老师坚持做"真我",始终如一。尤为可贵的是,对于当年诋毁过自己的人,于漪老师谈起时显得非常宽容。

而宽容,也正遭受着教育利益化的损害!

如果把学生考试成绩或者常规考评成绩看作重要利益,教师对待学生的宽容就可能受损。教师能宽容学生个性的多样化和思想的多元化吗?教师能宽容学生致力于自己感兴趣的学科而"怠慢"其他学科吗?甚至,教师能对考试成绩始终不佳的学生保持足够的宽容吗?反之,学生可以宽容自己的老师不功利地教学吗?对于自己学校生活的竞争者,学生能保持足够的宽容吗?

《论语》中说"能行五者,则天下为仁",这"五者"之一就是"宽"。宽则得众,宽容对人类社会来说,具有普世的价值。一个社会文明程度的标志之一,就是社会的宽容度。宽容是古往今来,全人类共同的价值追求,它可以消解不同文化、宗教、意识形态的分歧。教育本来是要推进社会文明的,但利益化的盛行,反而使教育行为本身在消解宽容,从而阻碍文明进程,这是谁的悲哀呢?

教育的利益化,还损害了教育个体的责任心。学生把主要精力放在学习成绩上,对自己的责任心往往也是缺乏的,如安全意识差、学习生活习惯差、缺乏进取心甚至对自己的生命不负责。学生因为考试成绩不佳或未能考取理想大学而轻生的现象屡有发生,这不能不引起我们的重视。对自己如此,对他人也就可想而知了。普遍表现为:对父母对家庭不负责任、对集体(主要指班集体)不负责任、对国家不负责任、对他人生命或异类生命不负责任。清华学子刘海洋的硫酸泼熊事件是教育个体责任心缺乏的典型代表。教育公益价值的缺失、教育利益化的大行其道,已经让我们付出了沉重代价,我们还要把这种状况维持到何时?

于漪老师在解析"情感、态度和价值观"的时候,提出"情感,既指学习动机、学习兴趣与学习热情的激发,更指内心体验的注重和心灵世界的丰富。态度,既指学习态度,学习责任心的培养,更指求实的科学态度,乐观的生活态度,宽容的人生态度。价值观,既要考虑个人价值与社会价值,又要考虑科学价值与人文价值,还要考虑人类价值和自然价值,强调它们之间的统一与和谐,追求真善美的境界。情感、态度、价值观,犹如心灵世界的连锁链,由低级向高级发展",这是站在教育为人类的高度,指出了教育应该主张的公益价值,明确了教育应该为人类培养出什么样精神气质的人。

思考:为什么教育的公益价值遭受冷遇

历史经验告诉我们,如果教育出现什么问题,那往往不是教育自身先出现了问题。教育的公益价值遭受冷遇,其根源在于社会的核心价值观出现了偏差。

核心价值观的偏差,突出表现在人对物质利益的过度追求上。其实,在任何社会,人对物质享受的追求都是人类的本能。人类对物质享受的理性追求为人类社会的前进提供了基本的动力。但是,如果这种追求失去了理性的节制,甚至演化为"物质主义",那就是价值观出现偏差了。人的本能是利己的,而价值观是主张利他的,这种"利他"的特质就构成了我们所谓的"人性",使人类得以脱离动物界。教育中出现利益化倾向,这本就是社会核心价值观的体现。

在当今中国,到底是群体在先还是个人在先?群体观被很多人倒着讲,说雷锋不代表"人性",而反雷锋、见死不救倒是"人性"。人是属于社会的,个人的地位是由群体赋予的。个体的自由和创造力不应该在伤害群体的过程中体现,而应该体现在为群体的生存和发展作贡献。社会群体观的偏差,必然会渗透到教育中,直接损害到教育的公益价值。

以上只是核心价值观的两个方面。核心价值观通常指如下七个层面:道德观(个人与他人的关系)、自然观(个人与自然的关系)、群体观(个人与群体的关系)、社会观(群体与社会的关系)、政治观(人民与政府的关系)、民族观(人民与民族国家之间的关系)、国际观(民族国家与国际体系的关系)。在此,无需把每一层价值观都透视一遍,只需看几个有代表性的方面,核心价值观对教育的影响也就了然了。

除却社会对教育的影响,教育公益价值的缺失,也需要从教育界内部寻找原因。原因肯定是多方面的,但作为有导向作用的教育评价机制,对于教育公益价值的缺失,难辞其咎。

这其中,既有教育评价机制自身的不足,也有教育评价执行上的偏差。

当前的教育评价体系,主要包含学生评价、教师评价、学校评价这几个部分,视角不可谓不全面,但隐藏的问题也不少。如学生评价这部分,以"知识掌握程度"为主要评价标准仍是现实教育生活的主导趋向。以学生成绩为核心,为每一位学生制定基本相同的发展计划,这就背离了学生的多样化、自由化、自主性的发展需求。而且,学生评价基本还是自上而下的活动,决策者和教师掌握着评价的绝对主导权,学生的自主选择空间有限。在学生评价过程中,由于长期以来对量化标准的奉行和依赖,评价内容始终有片面性。表现为以知识评价为主,漠视学生的学科素养、科学精神和科学态度,以及信息的搜集与处理能力、团队合作能力、创造力等。

现行的教师评价制度在标准、功能、内容和方法上,都存在较大问题。在评价标准上,过于强调管理与奖惩,不利于发挥评价的激励作用,不利于教师的自由自主发展。在评价功能上,往往倾向于可量化的教育内容得到促进,淡化了对教育育人功能的监督与促进。在评价内容上,经常存在"口号"与实际不相符的现象。即教师只要教育的功利化指标得到落实,那么一切育人指标的评价都自然水涨船高。而一旦量化指标没落实好,那么教师即便为学生发展费尽心力,总体评价也是偏低的。在评价方法上,往往表现为重结果而不重过程、重物质而轻精神、重形式而轻内涵。教师被当做教学的生产工具,而不是自我创造的真正主体。

再看学校评价,不论理论的宣传多么高调,落实到实际操作层面,还是升学率决定学校档次,升学率决定学校排位,谁能找出一个反例来?而且评价内容也比较单一,对学校硬件的关注度远远超过对软件的关注度。要成为"示范高中",就需要多少图书、多少计算机、多少实验设备、多少特级高级教师、多少研究论文。过分强调这些硬指标,对学校文化、教师群体向心力、学校制度民主程度等则缺乏重视,这必然会促使学校认定物质扩张道路的正确性,在这条道上越走越偏。

这并不是对教育评价机制的全盘否定,我们也应该看到教育评价机制的改革始终在进行,进步是显著的。任何改革都需要一个渐进的过程,只是不希望这个过程被人为地无限延长!

愿景:使教育的公益价值成为一种文化自觉

首先还是应从制度上加以完善,我们希望能够构建崇尚教育公益价值的教育评价机制。

我们希望对学生能树立合理的评价观念,重视学生的自由发展诉求、强调过程性评价、让学生主体参与评价、注重评价内容的非量化因素,促使学生成长为"手""脑"健全的"人",而不是把"手"当做"人"。在评价内容上,多重视学生的道德品质、学习能力、个性兴趣、交流合作能力等,从制度层面,从评价内容上就倡导学生诚信、宽容、责任心等多种普世品质的养成。在评价方法上,采用多样的、可操作的、真正有效的方法。

我们希望教师评价能摆脱单向的由上而下的指令式评价,建立适应个别差异的教师评价标准,解放教师的个性;处理好业绩评价和发展性评价的关系,不仅考量短期业绩,更注重长期发展的需要;改革教师评价方法,不再简单依赖教学成绩、教科研论文、竞赛排名等硬性指标,而是贴近教师的精神层面。

我们希望学校评价制度能真正摆脱"升学率"的束缚,从制度建设、文化建设、教师凝聚力和合作情况、教学研究现状及发展方向等多方面进行评价，切实重视学校在育人过程中应该发挥的作用，使教育的公益价值成为学校评价的重要标准和目标。

当然，最理想的莫过于让每个教育个体都对公益价值具有内驱力，使教育的公益价值成为一种文化自觉。这就需要构建主张公益的价值观。

我们应该看到，改革开放三十年来，中国已经建立起了一种自强不息、奋发向上的主流价值观，一种注重个体能力发挥的新的文化性格。对此，我们不应该也没有理由轻率地否定或简单地抛弃。同时，当今的中国还处于社会转型期，在高速的经济增长中出现了一些价值危机，对中国传统文化的义利观产生了不小的冲击。社会经济的加速发展恢复或激发了社会民众心理中对世俗追求的巨大能量。我们希望，这种世俗追求能得到引导提炼和升华，使得个人的追求与社会、国家乃至人类相协调。

社会的核心价值观需要教育的引导。我们希望教育的公益价值不再依赖于漪老师们奔走呼告，而是成为整个教育界的共同价值观，早日让主张公益价值成为我们的文化自觉！

体现普世意识，建语文多维教学之体系

上海市静安区教育学院　邹一斌

于漪课堂

《春》教学片断

（上课）

师：今天我们学习朱自清先生的《春》，同学们把讲义拿出来。

我们一提到春啊，你们仔细想一想看，会不会眼前就仿佛展现出阳光明媚、东风浩荡、绿满天下的美丽景色？一提到春，我们就会感到有无限的生机，有无穷的力量！所以古往今来，很多诗人就曾经用彩笔来描绘春天美丽的景色。我们曾经学过一些绝句，现在我问一问大家，杜甫的绝句当中是怎样描绘春天的？（稍停）有同学知道吗？——杜甫的绝句，大家想想看。（学生举手）

生1：（背诵杜甫《绝句四首》之三）"两个（gè 读成 guò）黄鹂鸣翠柳，一行白鹭上青天。窗含西岭千秋雪，门泊东吴万里船。"

师：对吧？〔生（部分）：对的〕——对的？"两"——什么"黄鹂鸣翠柳"？这里怎么读啊？

生1：两"gè"，不是"guò"。

师:对啊!两"gè"。他是从两个黄鹂在青绿色的柳条上鸣啭,来描绘春天的美好啊!

再想想看,王安石也有一首诗是描绘春天的,这首诗背得出来吧?谁来背背看。有一个名句,想想看,他是怎样描绘春天的?想起来没有?背背看。"京口瓜洲——"预备起。

生(集体):"京口瓜洲一水间,钟山只隔数重山。春风又绿江南岸,明月何时照我还?"

师:哪一个句子是写春的?

生:(集体)春风又绿江南岸。

师:哪一个字用得特别好?

生:(集体)绿。

师:"又绿江南岸",这是从什么角度来写的啊?——从春风的角度。春风一吹,江南岸边就怎么样?

生:(集体)绿。

师:绿——绿满天下!上星期六,某某同学写我们校园内树的时候,用了一个很好的句子啊!"绿满天下"!他就从这儿学来的,很好,但是绝句,它只有四句,往往只是从一个角度,或者是从两个角度来写的,也就是选取了春天的一个或者两三个景来写春。

(以上三分钟)

今天我们学习朱自清的这篇散文,其中写春的内容可多啦!我们星期六发了讲义,请同学们看,这里头写了:草、花、风、雨、山、水、树、蜜蜂、蝴蝶等等。我们读的时候要想一想,朱自清在这篇文章中,是怎样写这些春天的景物的?他写的春天景物——姿态啊、气息啊、声音啊,我们想到没有?看到没有?春天就在我们身边!

现在,请同学们读一读,读一读以后有什么问题,可以提出来。读的时候,请同学们考虑:这篇文章是怎么样写春的呢?

视点：教学必须注重整体效果

于老师在近五十年的教学实践中始终强调语文人文性的重要，反对片面的、工具性的训练，主张语文学科的工具性和人文性的统一。她曾经满怀深情地写道："我痛心于语文教学被"非文化"异化，我呼唤语文教学的"文化"之魂重新归来！"

于老师是这样说的，也是这样做的。她在语文课上，总是运用多种方法，借助各种手段和媒介，努力培育学生强烈的文化意识，营造浓郁的文化氛围，而运用古诗词就是重要的手段。于老师自己说过："中学生如果有上百首诗词打底，别说发展形象思维，就是语言能力也会大大提高。"所以，面对朱自清的充满生命活力的《春》，用古人的春之声来导入也是水到渠成的事。在整个教授《春》一课中，于老师先后复习了六七首诗歌及其名句。除了以上两首之外，讲到春天水满涨潮，就联系到"满川风雨看潮生"；谈到春天的热闹，一个"闹"字，又联想起诗词里的"红杏枝头春意闹"来理解"闹"字蕴含的意义；因为文章中引用了志南和尚的《绝句》，于是趁此机会复习背诵这首诗；理解小草青得"逼"你的眼是怎样的"逼"，就引入王安石的《书湖阴先生壁》中"两山排闼送青来"里的"送"字来进行比较分析，使学生对小草"青"的感觉如在眼前。

于漪老师曾经这样总结自己的教学艺术特点："语文课堂必须体现综合性特点，课堂教学的职能应该是根据语文学科的特点，从综合性考虑出发，备课时作多方面的分析研究，上课时力求融思想、知识、能力与智力开发为一体，以点拨开窍为着重点，收到举一反三的效果，努力使课堂教学多功能的作用得到充分发挥。我认为，不论讲读课、写作课，还是练习课、复习课，即使在教学目标单一的情况下，都可以体现综合性的特点，发挥课堂教学多功能的作用。由此形成了我立体多维无恒的课堂教学模式。"

《春》的教学实践是于老师的这一教学模式最淋漓尽致的体现。只有多维的,才是立体的,只有立体的,才是充满血肉真实可信的,这样的课才具有普世的价值。

思考:多维来自于语言的多义性

多维立体的教学模式,其理论基础来源于对文本内涵的多义性、含混性的认识。早在上个世纪中叶,以英迦登、韦勒克为代表的批评家就认为应将文本看作一种"语义结构",力求探究文学作品"语义结构"的内在构成。在他们看来,文本的基本架构是词语,每个词语都有其确定不移的字面义,同时会引发众多含混不定的联想义和引申义,文学作品就是不同词语多种含义相互交织而形成的"语义结构",词语之间相互纠结,形成一种非常复杂的语义关系,这就是"语境"。韦勒克认为:"文学语言深深的植根于语言的历史结构中,强调对符号本身的注意,并且具有表现情意和实用的一面。"

于老师在上个世纪80年代,根据自己长期的教学实践,发表了《语文教学应以语言和思维训练为核心》,明确提出语言训练应该是语文教学的核心内容之一,认为不能把嚼烂了的知识喂给学生,不能用"零售"的办法,把"散装"的字、词、句、篇送给学生。她认为,应该从语言文字出发,根据学生的不同学情,实行教无定法、学无定式,不同的文体有不同的设计,相同的文体,也有不同的设计,将讲、思、答、议、评进行有机结合,熔知识传授、能力培养、智力发展、思想情操陶冶于一炉,语文教学才能收到整体之效。

于老师三度执教《春》,每一次都能根据学生的实际学情,适时地改变教学重点。

首次执教,面对刚升入初中的孩子,天真烂漫,学习热情高涨,想象力丰富,但基础知识薄弱,对于字词的掌握尤其欠缺,学生字迹潦草,错别字多,写作比较困难。作文内容空洞,写不具体,叙事粗粗拉拉,三四百字就算了结。在朗读与讲解的过程中,于老师非常重视纠正学生的字

词读音,从他们的身心实际情况出发,教得细致一点,具体一点,让他们观察事物的能力得到锻炼与培养。

第二次执教,《春》已选入教材,除了字词,于老师将重点放在朗读训练上,以朗读贯穿整个教学过程。于老师认为,"把无声的文字变成有声的语言,读出情感,读出气势,如出自己之口,如出自己之心,惟其如此,学生才能领略课文语言的神韵,才会兴致盎然地学语文,教学效果大不相同。"确实,从课堂的效果看,经过朗读,不仅纠正了一些字词的读音,更加深了他们对文章重要字词句的印象和理解,使学生体味语言的生动与优美、画面的勃勃生机,真正用心领略到了文中蕴含的优美意境。

三度执教的时候,于老师又对教学构思作了修改,加强了单元教学,把《春》、《海滨仲夏夜》、《香山红叶》和《济南的冬天》结合起来考虑,突出了思维与语言的训练,以进一步提高学生的写作能力。她是这样设想和理解的:"先给学生做样子,就春草的描绘进行分析,明确写了些什么,从哪些角度描绘的,哪个词或哪些词用得特别精当,描绘时主要运用了哪些方法。然后帮助同学自度课文,有条理地进行分析。"在这里,于老师重点设计了一个"词语替换"的步骤。讨论春的颜色,先后找到了"鲜艳"、"艳丽"、"绚丽"来形容,虽然似乎只是找近义词,实质却是帮助初中学生进行词语的积累,同时,让学生深切感受到了春的"繁花似锦",创设了美境。对于春景的描绘,作者的用词之细致,于老师不仅让学生找出来,还不断加以强调,从而使学生在品味这些生动的词语之外,更体会到必须以仔细观察为前提,加上积累,才能在运用时写就一篇美文。这样细致的分析,实际上是一种写作指导,着力体会词的准确、生动,通过学习文章细致的描写方法,学习自己写作时如何写出景致的特点。看似琐碎,但对学生写作能力的提高却是有效的。

由字词正音正义到整体朗读成诵,直至结合单元教学的写作指导,于老师在反复的教学实践中不是简单地重复自我，而是围绕"语言"这个核心，引导学生层层解析文本的语义内涵。她充分认识到，不能只对文本语言作平面的单向度的解说，而是要运用各种手段引领学生去领会语言世界的丰富性和多元性，而做到这一点的前提是必须认清和尊重教学对象的学情。无论是纠正字词音义，还是阅读感悟语言，抑或是以词语替换为主的写作指导，最终体现的是于老师多元、立体的教学思想，希望通过不同的角度来解读文本语言，帮助学生理解文本内在的丰富与完满。

愿景：不断自我反思，提升内在生命意识

于老师三度执教《春》，三次撰写教后感，每一次的撰写都是对自己上一次的否定，是自我意义上的反思，从第一次的让学生体会用词的准确、生动，扩大词汇用量，到第二次强调阅读训练，开始注意引导学生在写作上的细笔细绘，直至第三次执教后，意识到要进一步强化思维与语言的训练，似乎已经接近完美。但于老师并未就此停止自己的思考，在前几年撰写《生命的赞歌》一文中她再一次对自己《春》的教学做了更深意义上的反思和自我解剖。

"朱自清先生这篇散文是专为中学生写的，他只是为了教中学生的写作方法？只是为了用比喻、拟人的修辞手法让学生模仿？"

"作者从盼春入笔，迎春、绘春，直至颂春收笔，目的何在？绘春时，用并列法结构广泛地写春景，不是定点观察，而是一个镜头一个镜头摇过去，这是为什么？贯穿这些景的起灵魂作用的思想感情是什么？在哪些语句中特别传达了这个消息？"

一个耕耘教坛半个世纪的语文教育家在80高龄的时候还能对自己的教学实践做出这样的反思和解剖是令我们这些晚辈汗颜的。通过学习于老师的《春》的教学案例，使我认识到，于老师"立体多维无恒"的教学模式，其根本还是在于她"全面育人"教育思想，不是为了教而教，探

究教学原则、教学方法,不仅要知其然,还要知其所以然。

虽然于老师一再强调自己只是一名普通的语文教师,但却无法掩饰她身上卓越的光芒,这种卓越来自于她的专业,而这种专业则来自于她能对自己进行不断地自我反思,来自于她内在的强烈的生命意识。于老师一辈子苦苦寻求的是"语文教学的门在哪儿?"而我们就是要在学习她的"技"的同时,深入学习她的对语文教育事业的"情"和"意"。

眼中有文章,胸中有丘壑

上海复旦附属中学　胡　凌

于漪课堂

《事事关心》教学实录(节选)

师:同学们都知道,我们中华民族历史悠久,文化灿烂,遗产丰富。掀开我们历史的任何一页,都可以发现其中有无穷无尽的宝藏。每一个对自己民族有深厚感情的人,总是非常善于从中寻找精华,加以阐释、发挥,来为我们今天的现实服务的。今天我们学习《事事关心》。这篇课文的作者马南邨,是谁的笔名?

生:(集体)邓拓。

师:对,邓拓,他就是这方面的高手。

……

师:……因此,我们单读书行不行?

生:(集体)不行,还要关心政治。

师:你们看,马南邨针对60年代初有些人只读书而不关心政治的社会实际写文章进行了论述,今天我们学它仍然很有现实意义。这篇文章本身就是关心政治和努力读书紧密结合的产物,你们说对不对?不努力

读书,胸中无点墨,能够进行这样深入的分析吗?用词那么精当,解释得那么娓娓动听,特别是对历史人物的评论,不关心政治,不掌握历史唯物主义是不可能写出这样的作品的。说古的目的是为了什么?

生:(集体)论今!

师:论今啊!为了激励今人。文章的最后一节写得特别感人,感情非常充沛。我们再读一读,加深体会。

视点:师者的理想

《事事关心》是一篇写于上世纪60年代的杂文,50年过去了,"家事国事天下事,事事关心"的话语依然掷地有声,令人激动。作为语文教材,这是一篇观点鲜明、结构规范的议论文,在今天的课堂上,我们很容易将其简单地处理为现代文阅读分析的训练范本,落实几个考点,明确一下文章主旨,教学任务就算完成了。然而,于漪老师的课堂实录却读得我心潮澎湃:从开始教学的导入语,到品味分析语言、结构时的点拨,再到结束教学时的总结,身处课堂之外的我,哪怕只是从纸面的文字中也能够感受到于老师蕴藉其中的为国分忧的热忱。

这种热忱从何而来?它为什么有着穿越时空的感染力和影响力?在中华传统文化的思想精髓中细细追寻,我看到了韩愈《师说》里开宗明义的一句话:"师者,所以传道受业解惑也。"这是先贤为"为师者"谋划的理想,也是影响后世读书人与教书人的思想要义。

于老师的课堂,就是这样一个践行"传道解惑"理想的世界,她从不满足于解决"句读之不知"之类的问题,而是将关注的目光投注到学生的精神世界中去。在教授《事事关心》时,她对学生说"作者……并不是要我们拜倒在古人的脚下,……而是要我们吸取其中的精华。"又问学生道:"你们读书是为了什么?""我们单读书行不行?"将学生对"事事关心"的理解,从狭隘的"学着去关心古人所关心的东西"引导到"学习古人关心社会、忧心天下的胸襟抱负";将学生对文本的关注点,从文章本身引导到对作品现实针对性的思考和对自我个体的反思上。

纵观于漪老师的教学实践，将对文本内容、词句结构的分析解剖与作品本身的现实意义融为一体，使学生在领会作品精当、深刻、优美、含蓄等特点的过程中自然地受到民族精神的滋养和教化，是她一贯的理想追求，也是于老师的课堂带给学生最丰厚的精神礼物。于是我们看到，上《晋祠》一课，学生们在老师的要求下遍数中国名胜古迹；上《最后一次的讲演》，于老师出示的《闻一多传》以及《红烛诗序》中的诗句，将闻一多慷慨献身的红烛精神深深地刻印在学生的脑海中；上《周总理，你在哪里》，一个十分普通十分寻常的"好"字，在老师的引导下，学生们用饱含情感的名言警句阐发其丰富的内涵……

师者的理想，在韩愈来说，是传承与弘扬儒家的经典要义，在于漪老师来说，是将中华民族的坚韧、顽强、自尊、宽容等精神以润物细无声的方式浸润学生的心灵。

思考：今天，我们为什么读书？今天，我们为什么教书？

在于漪老师的课堂上，我们始终能够感受到"先天下之忧而忧"的责任与担当，那是中国读书人永远的精神标杆。当传承民族精神的重任落到我们这一代教师身上的时候，我们做得如何呢？

很惭愧，比起于老师洋溢在课堂中的昂扬激情，我们的课堂软弱乏力多了。今天，教学环境更舒适了，教学手段更丰富了，教学过程更流畅了，但是，课堂上震撼人心的力量却少多了。

无论是教师还是学生，我们似乎都羞于提起理想，而代之以"理想的职业"。于是，每当高三填报志愿时，总是家长问我：这个专业将来出路如何？每次要求学生背诵经典名篇时，也总有学生追问：这个高考要考么？在每年的高考作文中，总是难以读到视野广阔、情感真挚的佳作。汶川地震、北京奥运、玉树地震、上海世博会，面对这些当代中华民族的大事件，许多学生的第一反应是：写作文的时候这个材料可以用么？教师

滋润心灵的文化

们同样如此,大考之前,亲自上阵为学生整理写作材料,却不管学生是否真的理解。

面对无法摆脱的升学和就业压力,师生们都陷入了一个无法自拔的黑洞。生活一切的意义仿佛都在于考试,凡是有利于考试的东西,那就是有用的,反之,则归属无用之物。

渐渐地,我们习惯了以分数来衡量一个教师的教学水平,去判定一个学生的学习效果。渐渐地,我们的圈子越来越小,视野越来越窄,情感越来越匮乏脆弱,与父辈相比,我们更关心自己,甚至只关心自己,并且美其名曰"真实"。

这种"真实"的"理想",正侵蚀着课堂上的师生们。许多学生和一部分教师,从不抬头关注身外的世界,而是埋头于文山题海之中。如果你询问其中的一个孩子:你为什么读书啊?他多半会毫不犹豫地回答:找个好工作。同样的问题抛给那样的教师,答案也大抵如此。前些年,人们还在理想的遮掩下追求物质利益的最大化,这些年,大家开始不耻于此,反而羞于谈及理想了。

从羞羞答答到理直气壮,在社会财富不断积累的过程中,我们的教育节节败退。

今天,我们为什么读书?

今天,我们为什么教书?

这些问题,是值得当代中国人深思的。

读书明理,是先人留下的古训;师者,所以传道授业解惑,是先哲提出的要求。

读书是为了什么?为了济世经邦、施展抱负,为了放眼世界、畅想未来,为了有足够的能力挽狂澜于既倒,为了坚持真理、辨明是非,这是梁启超、康有为、谭嗣同、秋瑾、鲁迅、闻一多、毛泽东、周恩来、马南邨、钱学森、林昭、袁隆平等等中华民族的优秀代表给出的答案,这就是中华民族的精神:以天下为己任。

诚然,今日的中国,大部分人都在为积累社会物质财富而忙碌终日,但是,如果我们培养的学生,其终极理想都是在南京西路或金茂大厦的格子间里,做一个衣着光鲜的高级白领,那是多么可怕的局面!当社会生活中所有的行为都只剩下现实功用的价值时,我们的忙碌真的能够使中国重新获得崛起的力量么?

我们的课堂,需要找回失落的民族精神,注入理想的力量,将学生从混沌中点醒,为社会、为国家,培养一批有见识、有理想、有智慧的年轻人。这就是我们教师的责任,自古至今,从未改变。只是在物质日渐充裕、精神却愈加委顿的现代社会,认识这点、做到这点更加不容易罢了。

但是,语文课堂,确是一个可以大力弘扬民族精神的地方。我们读前人的书,感受着前贤真实的生命体验,文天祥九死一生、忍辱负重的选择,陶潜"猛志常在"与归隐田园的矛盾,李白不愿同流合污的峻伟人格,闻一多宁折不弯、绝不屈服的高昂斗志,马克思、恩格斯高高飘扬的理想的旗帜……无论国籍、无论生活年代,这些教材中鲜活的生命给我们提供了与今日的物质生活相异的精神财富,这些将会是我们冲破黑洞的无限动力。

于漪老师曾经说过:"语文的目的是育人,读书的目的是育心。"对今天的中国学生而言,我们教师的首要责任,就是打开学生的视野,丰富学生的内心世界,让那些埋头做题的年轻学生们,在教师的感染影响之下,抬起头来,仰望星空,聆听外界的"风声雨声",关心身边的"天下事",读出文章背后的万千世界。让那些在补课班逡巡的孩子们,重现顾盼灵动的眼神;让那些被各类选择题折磨到崩溃的年轻人,拥有指点江山的勇气与激情!

师者,当为学生的典范。当老师胸中拥有千丘万壑时,他的学生又怎会目光短浅、视野狭窄呢?从这个意义上看,读书的意义和教书的意义,

是相通的。

愿景：拥有"育人"的课堂

今天的语文教学乃至于整个教育的现状，固然无法令人满意，但毕竟还是有坚守者在的。从理想至上的过往岁月走来的前辈教师们，有的如同"铁屋子"里的先觉者一般，不计后果地"叫嚷"起来，抗争起来，虽撞得头破血流，却仍矢志不移。有的不顾年老体弱，奔走疾呼，为找回失落的民族精神殚精竭虑。

他们，是真正令人钦佩的时代先锋。因为，学生的改变，更多地要依靠教师的影响和引领。在闭塞落后的时代，教师就是学生思想前行的航标灯；在信息爆炸、世界大同的时代里，教师更需要成为学生思想成熟的指引者。

我渴望，更多心怀理想的教师走进语文课堂，用自己的内心带领学生徜徉在文学的海洋中；我渴望，更多的教师能够打开视野、开阔胸襟，为学生做出"事事关心"的表率；我渴望，孩子们不用再带着任务参观世博会，在不许出错的极端要求中消磨学习的热情；我渴望，我们的课堂可以走向操场、走向花园、走向图书馆、博物馆，走向任何一个孩子愿意学习的地方，让孩子的心灵真正地丰富充实起来；我渴望，未来的人才培养和选拔制度能够给年轻人更多的宽容和鼓励，让青年能够自由地翱翔于理想的长空。

课堂，是一个多么微不足道的地方，然而，课堂也能够成为风云变幻的前哨。读书、求学，对于中国的孩子来说，不应该仅仅成为学习谋生技能的途径，更应该成为孩子走向世界的窗口！

这是一个渴望承继中华民族优秀传统的"师者"的理想，我渴望拥有"育人"的课堂，从这样的课堂中走出的学生，必将有着充盈的思想，健全的人格，健康的体魄，广阔的视野和远大的理想，我们中华民族的一次次振兴，靠的不正是这样的民族脊梁么？！

在"入"与"出"中提高学生的批判性思维品质

上海市普陀区教育学院　肖建民

于漪课堂

《卖油翁》教学片断〔1979年6月5日杨浦中学初一(1)班〕

师：既然这里头有矛盾，就引出了下文。射者自夸，观者呢只是微微赞许。射者心里服帖吗？

生(部分)：(轻声)不服帖。

师：因此就逼出了一个"问"。下面第二段就写他们二人之间一段精彩的对话！

生(个别)：(轻声)不精彩。

师：喔，你说不精彩，我用得不恰当。——这个对话不精彩的话，也引人深思。这个可以吧？

生(集体)：可以。

师：可以了。刚刚老师词用得不恰当，那么就用"引人深思"。

视点：学生思维的"神来之笔"

这虽然是于漪老师31年前的一个教学片断，但师生之间的平等对话、合作探究正是当前新课程倡导的基本理念。这并非是说于老师"先

知先觉",而是于老师一直是在实践中潜心探寻基本的教学规律,是教育教学改革的先行者。学生的这个学习过程,给人最突出的感受是能"入"善"出",不是师云亦云。

南宋陈善曾在《扪虱新话》一书中写道:"读书须知出入法。始当所以入,终当所以出。见得亲切,此是入书法;用得透脱,此是出书法。盖不能入得书,则不知古人用心处;不能出得书,则又死在言下。唯知出入,得尽读书之法也。"入,就是要"披文以入情"(刘勰),入眼、入脑、入心,透过文章作品的语言文字,领会作者表达的思想感情及其艺术匠心;出,就是要能从书中跳出来,形成对文章的独特认识和体验,能够灵活运用书本知识,思想不为书本所束缚,不要成了书奴。

学生在这个学习过程中之所以能"入"善"出",首先是学生在于老师的启发引导下能认真阅读文本,了解了第二节一段对话在文中所起的形成矛盾、引出下文的作用;其次是学生对于这段对话的评价,有自己的感受,勇于发表与老师不同的见解,可谓思维的"神来之笔";第三,冰冻三尺,非一日之寒,学生勇于发表不同见解,绝非偶然,由果索因,是于老师营造了平等和谐的课堂氛围,为学生创造了喜欢动脑、乐于思考的空间;第四,于老师对学生给予的肯定和鼓励,这对学生逐步养成独立思考的习惯可能会产生积极、长远的影响。

哈佛的校训是:"让你与柏拉图为友,让你与亚里士多德为友,重要的,让你与真理为友。"确实,学生的"大脑不是一个要被填满的容器,而是一支要被点燃的火把"(古希腊哲学家普罗塔戈语)。学生是语文教学的主体,语文教学的终极目标是让学生不仅具有听说读写的语文能力,而且具有独立思考的能力,为其终身发展奠基。正如于老师在这节课的反思中所说的:"理解和尊重学生的观念使我真正做到把学生放在平等的位置上,我鼓励学生对教师的'传道受业'提出怀疑和异议。学生的思维定势是信奉老师,师云亦云,容易重弹老师的老调,成为老师思考的代言人,这样不可能培养学生的自主意识,使他们具有创造精神。我在教学中注意鼓励他们解放思想,独立思考,敢于否定老师。例如有一次教《卖油翁》,当讲到课文第二节时,我随口说:'下面有段精彩的对话。'不料,马上就有一个学生不以为然地笑了一声。我从这一笑中,立刻察觉到自己可能有不妥之处,于是便和蔼地问道:'你为什么笑啊?'学生回答:'下面的话不精彩。'我欣然接受,说你提得对,用'精彩'不妥,应改为'发人深省'的对话。课堂上尊重学生的结果是师生的共同进步。"

十分显然,在语文教学中重视对学生批判性思维的培养,非常重要,不可忽略。

思考:当今语文课堂的缺失

如果说学生勇于发表见解是思维的"神来之笔",那么于漪老师的反思可谓振聋发聩的一声呐喊,揭示了培养学生的批判性思维品质应当成为语文课程的一个重要目标。

"批判的"(critical)源于希腊文 kriticos(提问、理解某物的意义和有能力分析,即"辨明或判断的能力")和 kriterion(标准),意味着利用恰当的评估标准确定某物的真实价值,以明确形成有充分根据的判断。批判性思维作为一个技能的概念可追溯到杜威的"反省性思维":能动、持续和细致地思考任何信念或被假定的知识形式,洞悉支持它的理由以及它进而指向的结论。所谓批判性思维品质,北京师范大学朱智贤、林崇德教授曾说:"思维的批判性,就是指思维活动中善于严格地估计思维材料和精细地检查思维过程的智力品质。"(《思维发展心理学》第592页,北京师范大学出版社,1986年版)包括面对客观材料或现象善于质疑提出问题的能力,能够据理作出分析判断、自我反思的能力,勇于提出新的见解并作出阐述的能力。批判性思维品质,在创造性思维的过程中,是不可缺少的因素。批判性思维与创造精神可谓孪生兄弟,创新往往建立在对既有思想或事物进行批判的基础之上。批判性思维的核心

滋润心灵的文化

是要独立思考、善于判断、勇于创新,亦如钱穆在《国史大纲》中讲的"自觉精神"。

少年强则中国强,中国要自立于世界之林,从中国制造到中国创造,从人口大国成为人才强国,就要培养学生具有批判性思维品质,也是语文课程标准的要求之一。批判性思维是一种反思、质疑的方法和精神,是民主精神、科学态度和创新意识的基础或必要条件,是一个好公民最重要的素质。语文课程对于批判性思维的培养具有得天独厚的条件,然而,反观语文教学现状,对学生批判性思维的培养却几乎成为一种缺失。

浅尝辄止,未能入境。"作者思有路,入境始与亲。"(叶圣陶)语文教学荟萃了古今中外的名篇佳作,闪耀着思想的光辉、语言的火花、生活的诗意,但我们的语文课堂却存在着单调、枯燥、乏味、沉闷的现象,不少学生不会研读课文,由"外"而"内",遵路识真。有的教师分析过多,肢解课文,甚至"碎尸万段",恨不得嚼烂了喂给学生,占据过多时间,忽视学生的体验。讲析固然是语文教学的重要手段之一,但要讲究讲析艺术,"不在全盘授予,贵在相机诱导。"(叶圣陶)更有甚者,有的青年教师由于知识和经验的贫乏,疏于对作品的把握,讲解《孔乙己》、《范进中举》等课文时,将他们当成"小丑"介绍给学生,学生笑得前仰后合,却不知作者笔下这些人物都是悲剧式人物,作者是在批判当时的社会和文化。

偏重求同,缺乏碰撞。学生对文本的阅读,往往缺乏个人的独特体验,更谈不上不同观点的碰撞,不少学生属于课堂上的沉默群,寡言少语,课堂沉闷,有时即使被老师叫起来发言却害怕不符合老师提问的要求,唯恐闹笑话、挨批评,诚惶诚恐,战战兢兢,偏重的是抄笔记,做题目,对老师讲的答案,机械地完成学习任务。

远离生活,缺乏活力。语文教学的外延与生活的外延相等,但语文教学却与社会生活相距甚远,如何将批判性阅读与社会生活相结合,如何鼓励学生对社会、对人生、对人际交往以及对文章中所体现的文化这些比较深层次的问题进行积极的思考,缺乏有效的方式和策略,经常看到的是一些大而统之的老面孔老套套"我的观感"、"我的长辈"之类的作文题。

凡此种种,不一而足,"入"之不深,何以"出"彩?培养学生的批判性思维品质,又从何谈起?!

愿景:让更多的"神来之笔"充盈课堂

没有批判性思维,就没有对事物本质的整体认识,就不会形成独特的眼光,就不能发现问题,就不会有真正的革新和进步,就不会有新的建树,不会有真正的坚守。于老师对教育究竟是"育人"还是"育分"的拷问,对语文学科标准化考试的质疑,对语文学科性质工具性与人文性相统一的学说的建树,对加强母语教育的大声疾呼……都是她批判性思维智慧的闪耀。要有批判性思维,是于老师一贯的思想。由于我们的基础教育观念与教育模式的制约,多年来,我国中小学生在学校接受教育,得益最多的是知识与能力,这方面我们是成功的,但学生的自主获取知识的能力、批判性思考能力、责任感、价值判断与文化判断能力,他们的创新意识和主体精神等,则相对较弱,人文精神缺失现象相对突出。于老师在谈到《美国语文》整套书的编著特点时曾说:它山之石,可以攻玉。这套书"自始至终以学生的发展为本,把美国文化的传承、民族特性的张扬落实到中学生现实的读写之中,旨在培养当代有独特个性、有创新精神、有应变能力的美国人。"在今年暑期一次研讨会上,于老师又再次强调批判性思维,她说,研究一定要有批判性眼光,拿我来做靶子,我绝对不会计较,目的在于求得真知灼见。肺腑之言,令人感动。

朱自清先生在《古文学的欣赏》一文中相当独特地提出了语文教育的两项目的,非常值得我们注意:一是选读古书,了解、认识和接受本国

固有文化。二是以欣赏作为情感的操练,设身处地地欣赏古文学,弄清古文学的立场或扬弃或清算,培养欣赏力和批判力。朱自清把语文教育的远大目标确定在了解本国固有的灿烂文化,加强民族意识并以此提高学生欣赏文学和批判力的水平,这种观念显然区别于语文教育就是讲授语文知识使学生语文成绩考试合格或者语文教育就是一种解析作家作品和语言现象的学术研究的一般观念。朱自清这种对语文教育目的的崭新揭示让我们感觉到他的一种具有特定意义对于前人的举步跨越。

诺贝尔奖获得者高锟在任职香港中文大学校长时,就十分倡导学生的批判性精神,还建立基金来鼓励,因为这个过程实际上是读书、观察、思考、质疑、判断、创新的过程,是自我提升的过程,是人格养成的过程。香港大学自主招生今年为内地学生准备的话题五花八门,"在网上交男朋友或女朋友好不好?""人类面对的最大威胁?""足球越来越像战争,你怎么看?""如何看待富士康事件?""高考的利与弊"……。如果只是死读书,两耳不闻窗外事,缺乏独特的视角和批判性思维的素养,绝对应付不了这样的话题。这对我们如何培养学生的批判性思维品质颇有启发。

在"入"与"出"的结合中,提升学生的语文素养,提高学生的批判性思维品质,应该成为我们的有效教学行为。还是语文教育大家于漪老师说得好:"语文教学在学生素质、能力、智力方面发挥重要的培育作用,实质上是力求实现'学力形成'和'人格形成'的统一,也就是在教学过程中既有形成语文能力的侧面,又有形成个人思想情操、思维品质和行为方式的侧面,二者有机地和谐统一,教学就能获得综合效应,学生多方面得到培养。当然,有一点必须十分明确:语文教师教学生学语文,引导学生学习语文知识,进行语文能力训练,是语文教学的主旋律,必须牢牢抓住不放。"(于漪著《语文教学谈艺录》第21页,上海教育出版社,1997年第1版)

语文：要谈理想信念

金山教师进修学院　顾燕文

于漪课堂

《七根火柴》教学片断（1979年5月26日星期六，上午第三、四节课）

（第二课时）

师：准确地说，无名战士留给人间的最后的语言是一句半话。第二句话他没有说完！"好，好同志……你……你把它带给……"（板书：带给）带给谁呢？带给同志们。正是为了这一点，他忍受了难以形容的痛苦、折磨，在死亡线上挣扎而硬不咽下最后一口气；也就是为了这一点，他没有用一根火柴来取暖。同学们想一想，如果用火柴烧堆火，这位无名战士也许会怎么样？

生（集体）："也许他能活下去！"

师：对。因为卢进勇想过："要是有一堆火，有一杯热水，也许他能活下去！"但是，这位战士没有为自己用一根火柴，他一心想着大家，一心向着党，向着长征途中的毛主席，无私忘我，他的生命爆发出耀眼的光芒！这不禁使我们联想到保尔所讲的一段名言——大家回忆一下，一起背背看。预备——起。

滋润心灵的文化

生（集体）：（背诵）"人最宝贵的东西是生命。生命属于我们只有一次。一个人的生命是应当这样度过的：当他回忆往事的时候，他不因虚度年华而悔恨，也不因碌碌无为而羞耻——这样，在临死的时候，他能够说：'我整个的生命和全部的精力，都已献给世界上最壮丽的事业——为人类的解放而斗争。'"

师：无名战士的英雄形象，就是像保尔所讲的那样，是我们学习的光辉榜样。第8节到第21节，是文章的主体，是七根火柴故事的核心内容。《七根火柴》这篇文章篇幅不长，我们看到的这位无名战士，也只是他临死前的一刻，但是他的形象怎么样啊？——高大、巍峨，不仅矗立在茫茫的草地，而且活在我们的心上。

视点：一句没说完的话

这是于漪老师1979年的教学片段，1979年正值改革开放的春风吹拂华夏大地。在如此巨大的时代浪潮席卷而来之时，于漪老师的语文课堂依然能立足文化传统，弘扬民族精神，这份定力实属可贵。于漪老师从一句没有说完的话切入——"'好，好同志……你……你把它带给……'，带给谁呢？带给同志们。正是为了这一点，他忍受了难以形容的痛苦、折磨，在死亡线上挣扎而硬不咽下最后一口气"。一个看似无心却有意，看似随意却匠心的问题，一句饱含情感的总结，一下子把一个舍己为人的形象推出来，推到了我们的面前。"同学们想一想，如果用火柴烧堆火，这位无名战士也许会怎么样？"，进一步引导学生思考火柴于这位无名战士的意义，这不是一根小小的火柴，而是生的希望。这名无名战士舍弃的不是一根火柴，而是自己的生命。此时这位战士便已不仅仅是舍己为人的战士，而成了面临生死抉择关头舍生取义的英雄。他用生命捍卫了理想与信念，用生命诠释了生命的意义。接下来于漪老师因势利导，马上引导让学生背诵保尔的一段名言，进一步强化了这种精神，将这种个人的价值取向拓展开来，从人物的"独感"走向读者的"共感"，引申出人的高尚的价值取向,将这种精神从文本引入生活,引入了学生的阅读视野,引入自己的人生思考,使其具有更普遍的意义。这节课对学生无疑是一次春风化雨,润物无声的浸润与濡养,是民族精神潜移默化的熏染。在整个社会进入一个全新的时代变革之际,我们看到的是于漪老师对语文课堂的执著与坚守,对语文教化功能的执著与坚守,对民族精神这一方净土的执著与坚守。

思考:如果没有理想和信念,我们还能否找到回家的路?

古人云"文以载道",文的功用是抒发理想,表达心志,寄寓情感。因而中华民族的智慧和精神得以代代相继,一脉相承。在这一脉相承的文化中,无数的仁人志士用人格信念铸就了我们不朽的民族精神。"位卑不敢忘忧国"的责任与担当,"舍生取义"的价值取向,"不为五斗米折腰"的洁身自好,"去留肝胆两昆仑"的铮铮铁骨,"刚健有为"、"自强不息"的进取精神,"诚实守信"、"礼、义、廉、孝"的道德品质,"天下兴亡,匹夫有责"的爱国情怀,"穷则独善其身,达则兼济天下"的理想追求,"富贵不能淫,贫贱不能移,威武不能屈"的浩然正气。它们都是中华文化的精神内核,是中华民族的筋骨和脊梁。它书写了中华民族辉煌灿烂的历史,它是浸润着祖祖辈辈鲜血和生命的指导性的准则,是中华民族之"大道"。"师者,所以传道受业解惑也",教师是民族文化的传承者与传播者,教师有责任将这民族"大道"发扬光大,因而我们的语文课堂不仅要"受业""解惑"还应渗透民族精神,让其浸润和濡养学生的心灵,净化学生的思想和情操。培养学生的理想和信念。

今天的时代是一个充满物欲的时代,不可避免地存在着价值颠覆,意识解构,理想缺失,信念虚弱。在很多情况下,个人的物质追求可以公开谈论,理想与精神的追求反而成了一种隐私,耻于被他人言及。当我们在周立波解构红军战士牺牲前的表演中获得笑声的同时,是否还应该思考,很多我们现在看来似乎"单纯而迂傻"的东西却恰恰是民族血

脉中不可或缺的东西。当这种东西渐行渐远后,我们发现,在"芯片""大片""薯片"中长大的孩子缺少起码的担当与忍耐,缺失吃苦耐劳的精神,缺乏人生目标。他们盲目地追求标新立异,以叛逆和颠覆传统为个性,崇尚非主流,片面追求狭隘的自我。"90后"被称为垮掉的一代,他们崇尚西化,模仿西方,追求时尚,玩psp,跳街舞,穿名牌,说英语……多元是一种精神格局,但也注定是一种精神空虚。这是一种悲哀,更是一种担忧。在全球化境遇下,多元文化之间的冲击必然会带来民族文化认同上的危机。时代的诟病急需传统道德的回归,一代人精神的空虚与价值的失落更需要民族文化的救赎。培养学生的责任感,爱国心,树立远大的理想和目标,语文课堂责无旁贷。

随着课改大潮一浪高过一浪,语文教学也出现了百花齐放的局面。创新成为时尚和主流,培养学生"现代意识"、"创新精神"、"张扬学生个性"是课改的主旋律,也成为很多老师紧跟时代步伐孜孜以求的目标。但是,不无遗憾的是,在追求创新的同时我们看到更多的是对传统无原则的颠覆,无保留的革新与否定,语文课堂开始出现无底线的个性化的另类解读。摒弃传统,重新解构,以"人性人道"为基点宣扬现代意识摒弃传统的民族精神。于是,语文课堂上,革命的英雄主义被指责成野蛮和暴力;舍生取义的传统道德,成了不珍惜生命的盲目和愚昧;将一直以来被视作民族精神的反抗侵略、保家卫国等正义的行动,统统用"扼杀个性"、"泯灭人性"、"缺乏人道"等谰言来横加斥责……这些形成语文教育研究中的一股逆流,强大且吸引人。记得语文教育家赵谦翔曾经说过:面向未来的语文教育,绝不能割断历史;面向现代的语文教育,绝不能拒绝继承;面向世界的语文教育,绝不能抛弃民族。今天如果我们能回过头来,看看于漪老师30年前的这节课,我们再来思考,她执著与坚守的究竟是什么;她执著与坚守又究竟为了什么,我们就会明白,只有民族文化的熏陶才能把学生从一个生物的自然人,内化、提升为一个真正有价值、有个性的社会人,抛弃了传统,摒弃了那些滋养华夏文明的民族精神,缺少了这种精神的坚持和固守,我们绝无可能找到返回家园的路!

愿景:让语文课堂盛开民族精神之花

语文是"语"与"文"的结合,是工具性与人文性的统一。我们的先贤非常重视语文的人文性,韩愈说"句读之不知,惑之不解,或师焉,或不焉。小学而大遗,吾未见其明也"。可见语文学科在注重章法,文法的同时,也应该弘扬文道,根据文章的思想情感,培养学生正确的价值观,引导学生树立远大的理想和信念,弘扬民族精神,继承中华民族的优良传统。

当然,这并不是说每篇课文都要"套标签"式地寻找其思想教育意义,更不可矫枉过正地将语文课上成思想品德课、政治课。民族精神不是内部自发生成的,也并非外部简单植入,而是民族共同体自觉长期培育的结果。只有知我民族,才能爱我民族。民族精神的培育来源于对本民族历史和文化的深刻认识,是要在潜移默化中浸润与濡养的。希望我们的语文课堂能像于漪老师那样不失时机的对学生进行人格的熏染,品德的教育。根据文章的特点因势利导,注重熏陶和潜移默化的影响,正确处理好工具性与人文性的关系,发扬语文学科潜移默化的教化功能。

有些时候,文本的思想意义与现实的生活在学生心里似乎存在某种程度的隔阂,因为时代不同总是会产生价值观的冲突和碰撞,仿佛文本中的思想是供奉在神殿之上,光芒万丈神圣而无可企及的理想,是圣人们的情操,或是带有某种时代烙印的价值追求,因而不能够适应我们的时代。往往在学生心里文本与生活带有各自为政的味道,不能很好的融合。这就需要我们像于漪老师那样,赋予文本精神以更广泛的现实意义,与时俱进,消除时代隔阂,赋予传统文化和民族精神以时代意义。例如讲到苏轼《石钟山记》，根据"事不目见耳闻,而臆断其有无,可乎"这个道理,可引导学生学会面对如今纷繁复杂的信息如何去伪存真,进而培养端正的做事态度,明确正确的做事方法;讲到霍金,可以培养学生如何更好地尊重他人人格;讲到史铁生,可以引导学生思考生命的价值和意义;讲到陶渊明,可以引导学生正确处理利益与理想信念的矛盾;讲到杜甫可以培养学生关心时事,以天下为己任的责任感;讲到辛弃疾可以培养学生的民族自豪感和爱国主义精神,正确对待民族分裂问题。

同时,还可以将语文课向外拓展,向日常生活和学习拓展,指导学生阅读,让学生自觉主动地在阅读中挖掘作品的文化价值,在愉悦精神的同时陶冶情操,汲取智慧,树立高尚的道德品质、理想信念。

总之,我们的语文课不能只停留在语文知识的传授,语文技法的归纳,还应该加入文化的探究传承和民族精神的发扬,培养学生树立远大的理想、坚定的信念和正确的人生观价值观。

我想,一种有未来眼光的教育,必然是从民族精神的重铸开始的。同样语文教师也必须明白,语文的本质是根植于民族精神底座上的文化行为。我们的语文教学必须担负起继承民族文化、弘扬民族精神,在学生的灵魂深处筑起理性信念的家园的使命。只有这样才不会成为无源之水、无本之木。期望我们的语文课堂在与时俱进、大胆创新、张扬个性的同时不要忘记对传统的回归与继承,不要忘记千百年来华夏大地灼灼其华、熠熠生辉的民族精神,不要忘记那些用生命固守,镌刻进史册的理想与信念!

语文:关注"人"的生命成长

上海市复旦中学　孙宗良

于漪课堂

《少年中国说》课堂教学片断(1985年1月6日下午第一、二节课)

师:梁启超的文章啊,是用诗的语言来写的。他说:写文章时笔端带着感情,必有一番魔力(板书:魔力)。我们看他是怎样写的,他说"天戴其苍,地履其黄,纵有千古,横有八荒,前途似海——"

师、生(齐):"来日方长。"

师:"天戴其苍",头顶——

师、生(齐):苍天。

师:脚踩——

生(集体):黄色的大地。

师:从时间上看——

师、生(齐):纵有千古。

师:从空间来看——

生:横有——

师、生(齐):八方。

师:四面八方。我们少年中国是前途似海,那么广阔,来日方长。所以这里是满怀激情。到最后他讲:"美哉我少年中国","美哉"怎么理解?

生(议论):好啊!

师:好啊!

生(议论):妙啊!壮美啊!

师:壮美啊!少年中国。(板书:少年中国)接下来是什么?

生(议论):壮哉。

师:"壮哉"怎么讲?

生(议论):大啊,伟大啊!雄壮啊!

师:伟大啊,我中国少年!(板书:中国少年)把两者结合起来——

生(议论):对偶句。

师:对偶句,用对偶句进行赞美(板书:对偶),既赞少年中国,又赞——

师、生(齐):中国少年——

师:"与天不老,与国无疆"。这里他的感情达到了最高潮,怎么向往少年中国,怎么制出少年中国,高歌猛进。好,我们一起读一读,从"红日初升"一直到结尾。既然作者是格调高昂,高歌猛进,那么我们也要读出气势来。他是满怀着热爱祖国之情,身在异乡,希望祖国昌盛,那么我们也要用这一种爱国热情来读。"红日初升",预备——起。

生(齐读):"红日初升……来日方长。美哉,我少年中国,与天不老"——

师、生(齐):"壮哉,我少年中国,与国无疆"。

视点:语文教学的职责与使命

教育应该培养什么样的人,千百年来,这始终是教育的一个核心问题。今天,这个命题的答案已经日益清晰,教育应该培养全面发展的人,要实现"人的和谐发展",这是迄今为止人类教育史上的最高目标和最高境界,也是以人为本的人文精神在教育中的真正体现。人类的教育几千年跌宕起伏一路走来,终于走到了以人为核心的教育,这体现了社会发展的必然趋势,是教育发展的必然选择。

因此,今天的语文课堂,不能仅仅是传授语言知识、培养语文技能的工房和训练场,而应该是充满文化气息富有思想激情的广阔天地,它着眼的是学生整个的知识技能、文化感知、思想熏陶、人格养成,也就是说,它着眼于学生整个的成长。这样的语文课堂将始终充溢着生命的求索,文化的思考,思想的涌动。

其实,于漪老师早就在这样地思考与实践着,她26年前的《少年中国说》课堂,让我们非常清晰地认识到这一点。在引领学生走进梁启超,走进《少年中国说》,走过中华民族那老大腐朽而走向重新崛起的曲折历程后,于漪老师和学生一起融为一个整体,高歌猛进,去共同感受梁启超那"诗的语言"及其所洋溢的澎湃激情和所喷薄而出的爱国情操。体味这样的课堂环节,我们相信,当师生齐声激情吟诵着"美哉,我少年中国,与天不老;壮哉,我少年中国,与国无疆"的时候,充溢在学生胸中的,绝不仅仅是文言的字词,语言的特色,文学的手法,更有精神的感召,视野的拓展,境界的提升,责任与使命意识的油然而生。

然而,我们今天的语文课,却越来越处于一种失血的状态。机械,浮泛,僵硬,无趣,在片面的应试思潮的冲击下,我们的语文教学始终没有走出重知识灌输轻人文熏陶、重技能培养轻生命教育的局面。阅读教学"不闻读书声琅琅,但见习题如海洋",文本阅读见段不见文,见层不见段,一篇篇充满生命意识和人文内涵的文章被肢解得面目全非;而作文教学的固式化的套路一套又一套,不断翻新,却本质不变,作文教学成为一种纯技术的"操练"。我们的语文教学还没有真正做到以人为本,全面关注人的生命本身,还没有真正把握这教育最初的也是最终的意义。我们的语文教师每每感叹:越来越不知道语文课该怎样上,越来越不知

道语文该怎样教;我们的学生每每感叹:语文,想说爱你不容易。

最近,于漪老师怀着深切的忧虑指出:"现在的孩子看看是小孩,可人长得又高又大,却是半成人的思想,甚至是老年人的思想。他好像已经经历了沧海桑田,实际上他还没有步入社会,就已经看破红尘了。我们怎么教?我们现在的教育就要把他心里的这盆火点着。"从这段充满忧患意识而又坚定执著的话语中可以看出,她对学生的爱是站在他们整个生命成长的角度,是站在民族未来的大背景上的。"要把他心里的这盆火点着",这正是今天的语文教学的职责与使命。

思考:语文教学的基本价值观

我们的语文教学长期以来一直都忽视人作为生命的存在,忽视人的生命需要,忽视人整体的成长和发展。曾经的语文"工具论",把语文视为工具,其语文学科的教学目标就是教给学生语文知识和培养学生的语文能力,受此影响,诸如一课一练,题海战术,在我们的语文教学中还是大行其道的。这样一种学科教学观,必然造成内容和形式的分离,教育和生命的疏离,最终使教师成为知识的工具,学生则沦为知识的奴隶,形成所谓教师的"桶水"与学生的"杯水"关系。

于漪老师曾经指出:"就语文学科而言,多少年来,一个复杂而又简单的问题反反复复地困扰着语文教育工作者:语文教学的培养目标是传授知识还是培养人?语文教师是满足于当一个教书匠,还是力争做一名教育家?这个问题似乎有着清晰的答案,但在我们的语文教育实践中,它又确实是模糊的,我们的语文教学自觉不自觉地在奉行着'知识为本'或者'知识与能力为本'的学科教学目标。"这实际上提出了我们应该确立怎样的语文教学价值观,语文教育的目的是"育人",还是"育分",语文教师的追求是"匠",还是"师"?

对这样一个根本性问题,于老师的回答是:"我的观点一向十分明确,我在1978年就提出'教文育人'的语文教育观。语文教学的目标就是培养人,语文学科就是要树立'育人'大目标,既教文又育人,要全面培养学生,这成为我终身坚持并且不断探索与实践的最基本的语文教育观。教师,特别是语文教师,首先必须清醒地意识到自己应该努力争取做个教育家,做个'教文育人'的专门家。"

然而,当今时代,随着社会的发展,经济全球化和文化多元化的发展趋势,为不同民族、不同文化的交流与合作提供了有利条件,在世界性的文化交流中,各种文化相互冲击、相互渗透和相互交融日益频繁,这种不同文化之间的相互影响,并非都是正面的,他民族文化中一些负面的、消极的、甚至颓废的东西,也会在这过程中自觉或不自觉地侵蚀到我们民族的肌体和思想中来。如果我们的教育不能给予学生正确的导引,他们就会缺乏对消极文化的判断能力、抵制能力,就会失去我们民族的文化免疫力,就很容易在这种文化渗透与交流中失去自己的灵魂,失去民族自身的精神与文化特质,成为某些文化的俘虏。

同时,现代科技和信息技术的飞速发展,为广大学生获取信息、开阔视野、培养技能提供了宽广的平台,但随之而来的消极因素也在一定程度上影响了青少年学生的道德观念和行为习惯,享乐主义、拜金主义、极端个人主义等的负面影响,导致部分学生道德观念模糊与道德自律能力下降。在现实生活中,许多学生认为,生命属于"我","我"的需要、"我"的追求、"我"的利益高于一切,因而,人的生命价值就是为"我";为了"我",可以不分美丑,不论善恶,甚至不讲原则。一切他人利益,集体利益,国家利益,乃至人民利益,都可以弃于一旁。从而将个人的生命价值,与他人、与国家与人民利益,与真善美,甚至与道德与法律对立起来,丢弃了人之所以为人的最根本的东西。因此,我们的教育迫切需要通过卓有成效的教育,来培养青少年正确的、科学的生命价值观。

对此,语文教学必须有所作为,也完全可以有所作为。"汉语言文字不是单纯的符号系统,它有深厚的文化历史积淀和文化心理特征。汉语

和其他民族语言的工具性和人文性,是一个统一体的不可割裂的两个侧面。没有人文就没有语言这个工具;舍弃人文,就无法掌握语言这个工具。"(《于漪文集》卷一,第195页)确实,语文的学科性质与它内涵的丰富性,决定了语文教学不能局限于语言和文字。汉语言文字中珍藏着我们中华民族五千年的全部精神财富,是中华民族灿烂文化的重要组成部分,语文学科充满生命伦理、道德情操、人格修养的教育内涵,中华民族以及整个人类漫长的历史为我们积淀了深厚的文化内涵,作为中华文化与人类精神的载体,语文学科承载着延续人类文化精髓的使命。

因此,语文课堂在给予学生知识、能力的同时,要努力培养积极的人生态度,要帮助学生树立正确的人生观,要帮助他们养成乐观豁达的良好心态,追求高尚的生命境界与情操,规划美好人生,要激发学生作为国家主人的责任感与使命感,在满足人的精神需求的同时,实现自己的生命价值。正如在《跨越百年的美丽》中,我们看到生命因何而伟大,正是由于居里夫人崇高的生活目标与高尚的生命境界,才造就了生命的伟大;读《苏武传》,我们看到岁月的沧桑可以浸淡甚至消弭历史的痕迹,但悲壮激烈的志士情怀,光耀长在……

愿景:关注"人"的生命成长

于漪老师曾欣慰地说,我一直觉得,能有机会对学生进行母语教育是一种幸福。因为语言是人整个学养的基础,人生活在语言中,生命刚开始,意识刚产生,语言就像空气一样围绕在身旁。语言使人有了世界意识,有了文化意识,有了历史意识,而人生活在文化、历史的世界之中,不能离开语言而存在。从教育的角度说,教育是培养人、塑造人、提升人的精神世界,人的思维和情感离不开语言,因而没有语言就没有教育。对学生进行汉语教育,不仅让他们理解、领悟汉语言文字的优美、简洁、深刻、和谐、内涵丰富,联想空间大,而且能以优秀的文化传统对他们进行精神哺育,把学生领进语文学习的广阔天地。

因此，语文教师的胸中要有"教文育人"的清晰蓝图。我们希望，所有语文教师都能清醒地认识到，在今天，人已经成为教育的中心，也是教育的根本目的；人是一切教育的出发点，也是所有教育的归宿；教育在人的交往与活动中展开，人在教育的交往与活动中成长和发展；人是教育的基础，也是教育的根本。既然人是教育的目的，也是教育的起点和归宿，而学生是涌动着活力的生命体，是有着强烈的发展需要、有着极大的发展潜力和无限发展可能的生命，因而我们必须十分关注他们整个生命的健康成长，这是一切教育的基本点，没有了这个基本点，一切知识、能力、技能、方法等的教育，都将是空中楼阁，沙上城堡。这是现代教育的基本价值观念，同时也成为我们语文课堂的基本价值观。

我们希望，我们的课堂教学中真正将语文学科的工具性要求与人文性要求融为不可分割的整体，这正是我们的语文教学始终没有很好解决的问题。我们曾经过于偏向于知识的解析，以致出现像于漪老师所说的把文章"碎尸万段"；我们也曾经出现撇开文本的语文要素，单纯追求人文意蕴的解读，从而离开了语文本身。因此，语文教学关注"人"的生命成长，是使语文教学回归人，回归生命，在某种意义上说，它也是使语文教学回归真正的语文。

我们希望，越来越多的语文课堂，呈现出如于老师《少年中国说》的激情场景；我们希望，所有的语文教师心中都有这样一种明确的信念：语文教学关系所有学生的心灵，关系中华民族的命运，关系我们伟大祖国的未来，语文课堂必须站在学生生命成长的基点上，去认准自身的立足点，去开拓自己的广阔世界；我们希望，"教文育人"成为全体语文教师始终不变的追求，广大语文教师以更强烈的责任感和使命意识，坚守语文教育的本真与本质，坚守语文教育的神圣使命与根本追求，在坚守中推进语文教育追随时代的步伐而不断地发展与进步。

陶冶情操　提升境界

上海市江宁学校　曹　刚

于漪课堂

时间：1977 年 10 月 19

地点：南京路上海医药商店七楼上海电视台教育演播分室

课题：《海燕》

听课范围：上海电视台第一次直播中学教师向学生授语文课的实况

教学回顾：

灯陡然亮了，满屋通明，"开始！"我心紧缩了一下，立刻镇定下来，从容地走进教室。朗读、剖析、讨论，辅之以简明扼要的板书，学生十分投入，我也得心应手，进入忘我境地。"一会儿翅膀碰着波浪，一会儿箭一般地直冲向乌云……""看吧，它飞舞着，像个精灵，——高傲的、黑色的暴风雨的精灵，——它在大笑，它又在号叫……它笑那些乌云，它因为欢乐而号叫！"师生一起把无声的文字变成有声的语言，展现一幅幅暴风雨来临前怒吼的大海上海燕搏击的惊心动魄的图像，齐读到"这个敏感的小精灵，——它从雷声的震怒里，早就听出了困乏，它深信，乌云遮不住太阳，——是的，遮不住的！"群情振奋，语调高昂，自信、豪迈、欢乐、洋溢其间,这似乎已不是高尔基笔下的诗句,而是师生发自肺腑的心声。课在朗读全文中收煞,有学生风趣地说:"我们刚从海边归来。"导演跷起大拇指对学生说:"太好了!"……我爱人的评价是:"你哪里是上课? 你是用生命在唱歌。"……随后,我收到好些封从上海、从江苏、从浙江等地寄来的信,这些收看电视的老师和我虽素昧平生,但心中表露的却是共同的心声:冲出暴风雨,课堂里春风拂面,教育的第二个春天来到了。

——摘自《岁月如歌》

视点:什么最难复制?

这是一堂极有影响的公开课,三十多年过去了,提起于漪,不少上了年纪的语文教师仍会谈及《海燕》这堂课。与我同备课组的一位返聘教师就曾向我介绍过她的观后感,说到兴奋之时,真有些眉飞色舞,特别是有两句评价令我难忘——"看完电视后,感觉这课境界高!……这样的老师才叫语文老师,往那里一站,活生生地把你给吸引住。"

可惜,由于技术原因,这堂极为精彩的课没有留下任何影像资料,对于我这样的后生晚辈而言,实在是一个莫大的遗憾,对于语文教学研究而言,实在是损失了一笔弥足珍贵的财富。我想,若是请于漪老师与她当年的学生回忆一下这堂课,把这些记忆的碎片整理起来,也许能局部地还原这堂课,但终是难以还原全貌,更谈不上复制了。我甚至想,于老师现存的教学实录与录像还有不少,我依照这些历史资料去上这些课,能复制吗? 答案显然是否定的。纵然是同样的授课对象,纵然是原封不动地用她的教案,纵然一字不差地复述她设计的开场白、过渡语、小结句,纵然依葫芦画瓢似的把她的板书搬上黑板,也依然上不出于老师的神韵,营造不出那般意境。于老师的教学境界难以复制!

思考:境界源于情操,情操出自陶冶

教学以境界为最上。有境界自成高格,自有魅力。而境界的产生源于执教者的高尚情操,即将自己的真情实感、远见卓识与教学内容有机结合,创造出浓郁的文化氛围,使学生情感受到熏陶,心灵受到震颤,师生的心完全融为一体,形成一个文化的气场,这课才会有境界(也可称为"意境")。《海燕》一课便说明了这一点。于老师所教的这堂课是用生命编织的,她的教学语言是从心底里流出来的歌,动听,感人,如清澈明净的泉水叮叮咚咚流入学生的心田。她关切的是民族的未来,是站在时代的高度教《海燕》。历经"文化大革命"的洗礼,她看到十年的急风骤雨对教育的摧残,深切地感受到一个没有文化、没有精神、没有脊梁的民族是不会有希望的,因而她要像海燕一样搏击暴风雨,要冲出暴风雨,将优秀的文化播撒在每个孩子的心灵深处。这般高尚的情操自然造就了这堂课的境界。

  情操出自陶冶。于老师常爱引用《大学》开篇的第一句:"大学之道,在明明德,在亲民,在止于至善"。这就是她读书的目的,增长见识,增添智慧,提升思想认识,彰明内心美善的德性,不断完善人格,使自己处在最高的道德境界。于老师的读书方法则是入乎其内,出乎其外,在陶冶性情上下足了工夫。她曾说,读书要深入作品之中,与作者交朋友,倾听他的心声,将心比心,尤似照镜子,不仅要在镜子深处找到主角,而且要把自己的性格特点和主角或作品中的某个人具体对照。用这面镜子来照自己,如果我遇到这样的事会怎样想,怎样做,和主角的差距在哪里?为什么会有如此的差距?怎样才能把差距缩短?归根到底明白了什么道理?今后的生活道路怎么走?这般切己体察,虚心涵泳,使她的读书成为一种精神的操练,文化的积淀,令她明是非,辨正误,见贤思齐,进入到真善美的精神境界,形成高尚的情操,进而对其教学产生深远的影响,创造出带有强烈的于漪个人特色的教学境界。若是把于老师的阅读体验与课堂教学结合起来分析,对这一点的认识会更为明晰。

  于老师特别喜欢读三位古人的书:辛弃疾、杜甫、陶渊明。她通读了三位大家的所有作品，领会他们的心路历程，走进他们的精神世界，感受到他们生命的光辉。在《岁月如歌》中于老师单独写了一节"走进辛弃疾"，文中有不少评论充满着对这位爱国诗人的崇敬之情，如："其忠愤可想而知"，"满腔热血感人肺腑"，"他真恨不得把朝廷中的黑暗势力一扫而光"，"那意境打入眼帘、印入脑海、镌刻心间"，"妩媚，豪雄，其为人如天马行万里长空，壮哉！"在《岁月如歌》扉页的题词中，还引用了辛词中的句子，"拉开层层心幕，往事历历眼前：教海沉浮，岁月如歌，'被白发欺人奈何，却道天凉好个秋'！"从这些语言中我们还可以感受到，像辛弃疾这样的传统知识分子所具备的忧国忧民的情怀与以天下为己任的责任感，已完全融入于老师的精神世界中，渗透在她的血液里，化为她的情感与操守。用这种精神去备课，去教学，才会使学生受到感染，得到熏陶，学生才能真正读懂母语的精妙之处，才能真正感受到民族文化的魅力，才能真正产生民族自豪感和自信心。这课自然上出了境界！可以说，辛词伴随了于老师一生，给予她不断前进、孜孜以求的力量，助她渐入化境。

  于老师还特别欣赏杜甫与陶渊明。于老师对杜甫的评价是"博大精深，元气淋漓，随物赋形，直探生命的存在！"对陶渊明的评价是"质性自然，深厚真淳，生命充实而又无比光辉！"如此精辟的见解，足见于老师与他们形成强烈的共鸣。可以想见，这两位大诗人的作品一定引发了于老师不尽的遐思，使她跨越时空，在广宇长宙中俯仰自如，亲近生命的本源之地，体验生命的乐趣与真谛。于老师从这两位大诗人身上汲取的是一股生命的元气，浸润在自己的情感世界中，使其不断滋长，充盈其间。她还将这股生命的元气注入课堂教学中，注入每个学生的心中。因而，我们可以从她的一段导语，一句过渡语，一篇讲解，一个眼神，一个手势，一个微笑中读出真情，从每一堂课中感受到生命的活力。这便是教学的大境界，这是阅读所致，陶冶所得，积淀使然。

滋润心灵的文化

不少特级教师的教学特色常能总结为"×××几步法"、"×××阅读教学模式"等，而读于老师的课堂教学却很难总结出个"什么法"或"什么模式"，于老师的教学风格是"大象无形"，教学特点是"立体多维无恒"。"无形"体现着教学方法的千变万化，不断出新；"无恒"不拘泥于某种固定模式。"无形"、"无恒"的背后体现的是"文化"之魂，努力培养着"文化"意识，积极追求着"文化"精神，尽力营造浓郁的"文化"氛围，这便是大格局、大视野，这样的教学已超越了"术"与"技"的层面，进入到"道"的境界。这又与于老师几十年来博览群书，吸取养料，陶冶情操分不开。

读于老师的阅读经历，使我们明白了一位教育大家是如何从书本中汲取优秀的文化，陶冶性情，颐养浩然之气，再结合她的课堂教学，就能理解她为何能达到常人难以企及的教学境界。这对我们这些年轻教师的成长有很多的启发。对于于老师课堂教学中外显的局部的"术"与"技"，我们是可以模仿的，甚至可以复制，于老师以其高尚情操所达成的教学境界是难以复制的，但我们应该效法。

愿景：树魂立根，提升境界

"读书犹如登高山看世界，上层楼阅人生，扣心扉观性灵，读书之乐乐无穷！"（于漪语）在陶冶与积淀的历程中，逐渐形成于老师的高尚情操。这高尚情操在课堂上便转化为教学境界。爱学生，将这种师爱灌注在课堂中，因而于老师的教学语言如汩汩清泉，荡涤着学生的心灵，如团团圣火，引领学生前进。爱祖国，将满腔赤诚灌注在教学中，因而于老师的教学总是激情似火，能散发出感染力，迸发出辐射力，涌动着生命力。爱事业，将这份执著灌注在教学研究中，因而于老师的教学艺术才会达到炉火纯青的境界。要读懂于老师的教学境界，就必须先读懂其境界背后的高尚情操，即读懂教学内在的魂与根。这魂，是文化生命之魂；这根，是民族教育之根。要效法于老师的教学境界，就必须读书求知、积淀文化、颐养性情,这个过程就是在树魂立根。树魂,我们的教学才会有精、气、神;立根,我们的教学才会枝繁叶茂,最终开出绚烂之花。

进入到 21 世纪,于老师写了一系列文章,很耐人寻味。如:《谈教师的人格魅力》(《小学语文教师》2002 年 4 月),《追求高尚的教育境界》(《思想·理论·教育》2003 年 1 月),《让课堂充满生命活力》(2004 年 7 月),《怎样学做人师》(《新民晚报》2004 年 9 月 5 日),《钟情·倾心·精神家园》(《中学语文教学参考》2005 年 1 月),《在学生心灵深处滴灌生命之魂》(《教育参考》2006 年 6 月)。这些题目都在探讨教师成长的一个关键因素:提升自我的修养。而教育的生命力正是在于教师的成长!读这些文章我们还似乎能看到于老师那双忧虑的眼睛。在应试教育压力与日俱增的今天,在泛技术化的当下,重功利,轻精神,语文教学本应坚守的那块人文阵地正在不断地萎缩。改变这一现状的责任便落在我们这些青年教师的身上,我们应像于老师那样投入地去读书,陶冶情操,增加文化积淀,提升教学境界,将优秀的文化传递给我们的学生。这是当务之急!

没有厚积,何来薄发

长宁区教育学院　魏新磊

于漪课堂

《"一件工艺品"作文讲评》教学片断〔1985年6月9日,杨浦中学初三(4)班〕

师:我们在学《核舟记》的时候,曾经对雕刻核舟的人以及写《核舟记》的作者作了一个评论,有那么两句话,大家还记得吧?讲讲看。

生(部分):刻者惨淡经营,笔者织锦成文。

师:刻者惨淡经营,笔者织锦成文。(板书:刻者惨淡经营　笔者织锦成文)刻核舟的是谁啊?

生(部分):王叔远。

师:那是苦心构思,技艺——

生(部分):高超。

师:精湛、高超。写《核舟记》的是谁?

生(多数):魏学洢。

师:把核舟的开头,还有——

生(部分):人、物。

师:舟上的人,舟上的物都写得清楚明白,因此我们说刻者和笔者是相得益彰,刻得好刻得精湛;写也写得好织锦成文。我们学了这一篇说明文之后,要求同学们学习笔者观察事物的眼力,也学写一篇文章。对象是什么呢?是工艺品。我们发了几十张工艺品的照片,请同学们仔细地观察并且有条理地加以说明。写的情况如何?这一节我们就讲评同学们介绍一件工艺品的说明文,研究应该怎么写,精致的物品(板书:精致的物品)应该怎么观察?(板书:观察)在观察的基础上又怎样来加以说明(板书:说明)。总的来看,同学们观察得还是比较仔细的,但是在学写的时候有粗细之分,正误之别,好差之异。今天我们着重讲评四篇,讲义同步发下来了,请同学们读一读。

第一篇《人物纹竹雕笔筒》××同学写的,人物纹竹雕的笔筒(出示画片),写的同学是看得非常仔细的,我们仔细看一看,好,××同学传下去看(生——传下去看)。再讲评一篇是××同学写的《扁豆瓶》玉雕(出示画片)。好,传下去,都仔细看一下,看一下以后我们才好分析。还有两位同学写一样的,都是写这张上海玉雕(出示画片),这个后面是"荷花鹭鸶",这两个同学写的对象一样,看文章是否有区别。现在请同学们很快地轮流着看一看。

……

附:

部分学生习作题目——《人物纹竹雕笔筒》、《扁豆瓶》、《荷花鹭鸶》、《双马链条瓶》、《中国彩蛋》、《上海玉雕》……

视点:普通中的不普通

这是一节普通的作文讲评课,在于漪老师众多经典的课堂案例中似乎显得并不突出。但如果把本节课放在文化大背景之下去考量,其价值就需重新审视了。

长期以来,在语文课堂上占据大量时间的无非阅读与写作。就好比

是体操比赛,阅读是"规定动作",因为阅读教学的主要载体是教材中的课文,老师的自由度相应较小;写作教学是"自选动作",因为写作教学的内容大多来自老师自己的选择。因此,在一定意义上说,写作教学更能反映一个语文教师的文化眼光、文化积淀和文化视野。

于老师的这节作文讲评课,既入乎课本之内,又出乎课本之外。以课文《核舟记》为由头和参照,要求学生学习魏学洢,认真观察事物,写一篇说明文。这似乎也没什么高明之处。但于老师所选的观察对象就显出了其文化眼光和文化视野。当时是1985年,于老师充分利用当时的条件,发了几十张工艺品照片给学生观察,在充分观察的基础上"织锦成文"。从所附的作文题目我们可以看出,这些工艺品都是我们民族工艺的优秀代表,承载的是悠久的传统文化。于老师在对作文训练不打折扣的前提下,巧妙地让学生高密度近距离地了解了这些平时难得一见的工艺品。虽然只是照片,但传统文化的光芒已经照射到学生的视野中。我们还可以进一步试想,如果没有对这几十张照片上的民族工艺品的充分了解,或者说如果没有对自己文化积淀的充分自信,于老师会这样驾轻就熟、挥洒自如吗?

无独有偶,还是1985年,还是杨浦中学初三4班,还是作文课。只不过这次作文变成了口头表达训练(现在专门的口头表达训练课似乎已经在中学绝迹了)。口头训练的话题或者说内容是"课外阅读情况交流和课外读物的介绍与推荐"。话题的选择同样匠心独具。我数了一下学生在课堂上提到的书的数量(工具书和教辅读物除外)——

中外文学作品专著:31本

文艺类作品集:9本

杂志:29种

内容涉及古今中外。学生们在课堂上说"中"道"西",谈"天"说"地",说"古"论"今"。老师循循善诱,学生侃侃而谈,有剖析,有辩解,有争论,有赞和。学术气氛之浓,文化意味之厚,委实少见。

　　以上两节家常作文课的"自选动作"充分显示了于老师的文化视野和文化积淀。这种宽广的视野、深厚的积淀,来自于老师长期的不懈积累。这种不懈积累的动力来自于她作为一名语文教师的责任感和使命感。她既仰望星空,又脚踩大地。她崇高的梦想和踏实的钻研是互为表里的。于老师有一句广为流传的名言:"一辈子做教师,一辈子学做教师。"的确,于老师一辈子都在不懈地学习,一辈子都在为提升自己的文化素养积淀。她备课的投入程度令人赞叹,搜集占有资料广度,思考内化资料的深度,建构创造的高度,均非一般人所能及。每一次备课对她来讲都是文化充电。

　　曾拜读过于漪老师的专著《语文教学谈艺录》(上海教育出版社,1997年7月第1版,2001年5月第2次印刷),其第十章是"熟读名诗佳作"。其中直接引用并明确注明出处的引语5处,讲述生动有趣的古今事例4则,引述带有翔实数据的调查报告1处,该章并不长,这么多的引用引述,于老师举重若轻,信手拈来,显示了于老师深厚的文史功底和文字功夫。

　　于老师一生忙碌,她坦言自己的大量著述都是"急就章",往往是应约而做,来不及慢打磨细琢磨,但她的文章读来却一点看不出"急就"的痕迹,说理透彻,叙事简约,抒情自然,读来同样如沐春风。

　　难怪于老师当年的学生、原上海市教委教研室主任王厥轩老师这样评价自己的恩师:于漪是教育界的常青树,因为她的思想常青。

　　行文至此,一段回忆突然跳入脑海:2009年12月26日,在上海市教委教研室聆听了一次于老师的讲话。年逾八旬的于漪老师在谈话中穿插提到了当时的多起新闻事件,诸如山东冻死孩子、菲律宾马荣火山爆发、60%的教师认为学生书写不过关、钱学森的遗憾、哥本哈根气候大会、奥巴马访华等等。这种对时事的关注态度,实际上从一个侧面佐证

了于老师"一辈子学做教师"的风范和"活到老,学到老"的胸怀。

的确,没有厚积,何来薄发?

思考:文化积淀的"薄发"重在生成

很多人的文化积淀不需"薄发",至少不需时时"薄发"。但作为为人师表的老师,尤其是肩负传承传播文化重任的语文教师,有必要适时"薄发"自己积淀的文化,影响、引领学生为自身文化大厦的建立奠基。正如于漪老师所言:"要培养学生良好的科学文化素质,使他们身上有点文化气质,积累这个基石非扎扎实实铺设不可。"(《语文教学谈艺录》)

前文提及的作文课展示是于老师在"自选动作"中"薄发"的文化魅力,实际上于老师在"规定动作"中展现的文化魅力更具生成性。课堂重预设,更重生成,于老师在阅读教学中不经意间迸发的文化光芒,更令人叹服:

"0 与 32 之比"作文讲评——当讲到怎样使文章观点清楚时,顺手在黑板上板书"论如析薪、贵能破理"的古人名言。

《春夜喜雨》、《忆江南》、《渔歌子》课堂教学——为了鼓励学生尽可能多地阅读古典诗词,顺口说出并要求学生记下来两句名言"凡操千曲而后晓声,观千剑而后识器",随后告诉学生出自刘勰的《文心雕龙》。

《白杨礼赞》课堂教学——茅盾先生描写白杨"伟岸,正直,朴质,严肃,也不缺乏温和……"学生质疑"温和的人使人容易接近,严肃的人使人敬而远之。在一个形象身上又严肃又温和,用词矛盾"。于老师略加思索,引用《论语·述而》中的话"子何人也?子温而厉,威而不猛,恭而安"来进行解答,学生心服口服。

《晋祠》课堂教学——上课时让全班 44 名学生每人说一处名胜古迹。最后巧妙呼应开头:

师:我们祖国历史悠久,中华民族数千年深厚的文化平铺在(手势:

平铺)我们960万平方公里的土地上,你无论走到哪儿,都可以看到名胜,都可以看到古迹。刚才你们讲到的故宫、颐和园、秀美的西子湖等,讲到的遥远的西藏、新疆,无不有我们祖先的文化遗迹,这些历史文化哺育着我们世世代代的中华儿女,我们世世代代中华儿女从祖国深厚的文化中吸取了大量的精神养料。今天,我们同样要从中吸取精神养料,不能愧对(食指向上)——(师生同声)我们的祖先。

今天学《晋祠》,领略它的风景美、历史文物美,长大以后,不仅要读万卷书,还要力求——

生(集体):行万里路。

师:对,行万里路,有机会到祖国各地考察,放眼观看我们的壮丽山川,从中吸取丰富的养料,滋养自己,成为精神丰富的人。

……

于老师课堂上文化光芒的闪现,或者有时亮如蜡烛,温馨;有时亮如月亮,婉约;有时亮如太阳,绚烂。异彩纷呈,自然无痕,徜徉其间,让人有如沐春风之感。

愿景:文化不止在学问,好师皆能近人情

台湾著名作家龙应台说过这样一句话:"文化其实体现在一个人如何对待他人、对待自己,如何对待自己所处的自然环境。……文化不过是代代累积沉淀的习惯和信念,渗透在生活的实践中。"

诚哉斯言!

很多人都把文化水平的高低等同于学问的高低。这是片面的。高深的学问绝不等同于高远的学识,受过良好的教育也绝不等同于拥有良好的教养。

一直难忘一件小事情。在一次课题研讨会上,大家边听发言边吃着桌子上的水果,年逾八旬的于老师突然站起身,拿了两个橙子,走到一直在门口整理资料的两个工作人员身边,递到他们手中。看着于老师已

滋润心灵的文化

不挺拔的背影,我百感交集。

"从于漪典型案例研究当代语文教师的成长与发展"是以于漪老师为研究对象而形成的课题。于老师不止一次在课题组会上强调,自己不过做一个麻雀来供大家解剖,研究是为了求进步,是为了求发展,要带着批判的眼光,破除迷信,解放思想,任何一个人都不是完美的。这种胸襟,这种气度,正是文化积淀文化底蕴的折射。

一个文化积淀厚实深沉的人,懂得尊重自己——不苟且,因为不苟且所以有品位;懂得尊重别人——不霸道,因为不霸道所以有道德。于老师当之无愧。

斗胆再引用龙应台的一大段话,因为她说得实在太好了:

"文化?它是随便一个人迎面走来,他的举手投足,他的一颦一笑,他的整体气质。他走过一棵树,树枝低垂,他是随手把枝折断丢弃,还是弯身而过?一只满身是癣的流浪狗走近他,他是怜悯地避开,还是一脚踢过去?电梯门打开,他是谦抑地让人,还是霸道地把别人挤开?一个盲人和他并肩路口,绿灯亮了,他会搀那盲者一把吗?他与别人如何擦身而过?他如何低头系上自己松了的鞋带?他怎么从卖菜的小贩手里接过找来的零钱?"

以此衡量,于老师当是龙应台所说的有文化的人。袁枚说"好诗不过近人情",似乎同样也可以说,好"师"不过近人情。于漪老师就是这样的"好师",她的立身行事,恰如一首"好诗"——优美动人。

高山可仰,清芬可挹。每一个人,尤其是为人师者,当时时处处为自己的文化素养积累。因为,没有积累,就没有积淀;没有积淀,就没有文化;没有文化,就没有未来。

谨记:唯有厚积,方能薄发。

做守护母语的使者

上海复旦大学第二附属中学　陆宏亮

于漪课堂

《唐雎不辱使命》课堂教学实录(片断)

时间:1985年6月8日(星期六)上午第一、二节课

执教:杨浦中学　于漪

班级:初三(4)班

师:"唐雎不辱使命"选自《战国策》,《战国策》究竟是怎样一本书?这个我想让同学们认识一下,因为"重复是学习的母亲",要知道《战国策》,你可以从《辞海》的历史分册里面去找(出示《辞海》),可以到《中国历史大辞典》里去找(出示《中国历史大辞典》),也可以到《八百种古典文学著作介绍》里面去找(出示《八百种古典文学著作介绍》),现在我们分别请三位同学找一找(将书分发给三位学生),很快地把这个条目找出来,其他同学看注释,仔细地看一看注释里有哪些要点,赶紧看一看。翻到了没有?

……

师:好,刚才我们请三位同学把查到的有关资料读了一下,我们再结

滋润心灵的文化

合教科书注释的介绍,请同学们归纳一下,《战国策》是一本怎样的书?好,谁来说,说了遗漏了没有关系,别人可以补充。(学生举手)×××。

生7:《战国策》是一本史书,它写了春秋以后楚汉以前的历史,是继《春秋》《左传》以后的一部书,记录了……

师:刚才讲的对不对?

生7:它是记录了游说之士的言论的一部史书。

师:是一部史书,时间段是什么?

生7:春秋以后楚汉以前。

师:春秋以后楚汉以前,对不对?(生部分点头)这个是刚才我看三个同学都有的,还有吧?就这些要点?

生7:(继续讲)它是记录游说之士的言论的。

师:是记录游说之士言论之书,这是指的内容。还有呢?

生7:它全书共分三十三篇,分东周、西周、秦、齐、楚、赵、魏、韩、燕、宋、卫、中山十二策。

师:一共是三十三篇,分十二册,这个十二册应该怎么记?我们学过中国历史的,战国七雄再加什么?

生(部分):东周、西周。

师:东周、西周。

生(部分):宋、卫、中山。

师:这东周是不是公元前777年周平王东迁?说东周、西周,应该先是什么?

生(部分):西周。

师:先西周再是东周,这是朝代。战国末年,周王朝的势力已经是衰竭,后来就成为两个小国,一个东周一个西周,这是国家,不要搞混了。好,这个是记录的国别以及它的内容,他抓了这些要点,还有补充吗?(学生举手)好,××。

生8：除了按时间、内容来分的外，还可以从写作方法分，写法中有排比、比喻等，除此而外，它的内容中还有寓言故事等等，非常风趣。

师：非常地风趣。还有补充吧？（学生举手）好，××。

生9：它又名是国策、国事、长书。

师：这个大概不太好记，它有很多名字。作者知不知道？

生9：作者不知道。

师：作者不详，后来谁编的？

生（部分）：刘向。

师：哪个朝代的？

生（部分）：西汉末年。

师：西汉末年。还有补充吗？××你刚才举手了，你说。

生10：《战国策》还是本散文集，它的文字很生动。

师：文字很生动，请坐。刚才通过听，以及书上注释的介绍为辅助手段，基本上抓住了要点，但是，我们在讲述时条理还可以更清楚一点，对不对？可以分成两个方面，第一个方面就是《战国策》是本史书，是继哪个之后？

师、生（齐讲）：《春秋》、《左传》之后的史书。

师：因此这时间、国别等内容都可以归在这一档里头；第二这是一本散文总集，因此可以从它的文字上、运用的写作方法上来理解。这样比我们原来的认识要怎么样？要加深一点。今天我们学习《战国策》里的《唐雎不辱使命》这篇文章，这个标题是后人加的，《战国策》里是没有标题的，我们上学期里学的《触龙说赵太后》这个标题，也是后加的。《唐雎不辱使命》记叙了战国末期的一个故事，这个故事发生在哪几个国家之间？

视点：让传统文化在学生心灵中扎根

这是于老师25年前教学《唐雎不辱使命》一文时的开场导入部分，

其精彩之处大略有以下几点：

首先，引导学生使用参考书籍。关于《战国策》是一本怎样的书，于老师分别提供了《辞海》、《中国历史大辞典》和《八百种古典文学著作介绍》，要求三位同学找到相关条目做交流。同时，对照课本中的注释进行深层次的理解。如此，既教会了学生做学问的方法，又培养了学生严谨的治学态度。

其次，帮助学生理清知识要点。《战国策》是一部怎样的书、涉及的年代如何、内容有哪些、编者及朝代以及它的文学价值等等在这样的过程中都得到了清晰地梳理。更值得一提的是，这所有的一切不是教师简单灌输所至，而是在教师的指点下，学生自行完成。无疑，这样的教学行为不仅使学生获得了相应的文学知识且记得更牢，更是提升了学生学习古文的热情。

第三，关注学生知识点的贯通。其间有文史之间的沟通，当学生在讲述具体的十二策时，有学生回答了"东周、西周"的顺序，于老师当即指出"这东周是不是公元前777年周平王东迁？说东周、西周，应该先是什么？"点明应该先西周再是东周，这是朝代。"战国末年，周王朝的势力已经是衰竭，后来就成为两个小国，一个东周一个西周，这是国家，不要搞混了。"这是一个小小的细节，但于老师也没有放过。其间还有前后课文的贯通，例如提及上学期学的《触龙说赵太后》也是出自于《战国策》。这样，在无形之中为学生筑起了一张广博的知识网。

文言是汉语之根，那云蒸霞蔚的意境，那落英缤纷的语言，那深邃博大的思想能使人真切地感到一种古色古香的美的存在。每一片唐砖汉瓦上都篆刻着历史的痕迹，每一段残章剩简中都凝聚着先哲们智慧的灵火。当我们走进先祖留下的文化宝库，用手触摸历史的痕迹，用耳倾听先哲的垂训，用心感悟文字的魅力时，我们得到的不仅是知识、智慧，还有幸福和作为炎黄子孙的骄傲。没有文言底蕴的滋养，我们理解和运用汉语的能力必定会缺少深的根须。

如今,学生中流传着学习语文过程中的三怕:"一怕文言文,二怕写作文,三怕周树人。"其实"三怕"之间有内在的联系,根子还在于学生对文言文热情的缺失上。其实,不光学生如此,就是最有文化的当代作家群体,又能找到几个可以与周树人及三十年代的优秀作家比肩的人。周树人的白话文写得精彩,其古文功底也没有人怀疑过。当我们疏远了本民族语言的根本,冲淡了传统文化对我们心灵的呵护,我们不仅不能很好地驾驭汉语,更无法阻挡精神世界的日益浅俗。

记得乌申斯基说过:"一个教师如果不落后于现代教育的进程,他就会感到自己是克服人类无知和恶习的大机构中的一个活跃而积极的成员,是过去历史上所有高尚而伟大的人物跟新一代之间的中介人,是那些争取真理和幸福的人的神圣遗训的保存者。他感到自己是过去和未来之间的一个活的环节。"要成为这样一个"中介人",要做一个"活的环节",教师身上承担的责任可谓重大。乌申斯基的话道出了在传承文化过程中教师的价值,而事实上传统文化遭到冷遇,我们的母语教学式微都非常严峻地摆在每个语文教师面前。这其中有决策层文化判断力的问题,更有我们作为语文教师的问题。

于老师的这堂课上得精彩、洒脱,展现了一个语文教师独有的魅力,这源自于她对传统文化的深刻认识和她对中国语言文字的一往情深。"树中华教师魂,立民族教育根",这是于老师为之终生奋斗的目标。传统文化对于铸就民族精魂起着无可取代的作用,如何使传统文化在学生心灵深处扎根,这是每一个有使命感的语文教师必须思考的问题,而我们的教学行为只是这种思考的外在表现。

思考:没有语文的语文课

这样的课堂风景,尤其是初三的古文教学恐怕已是日渐稀少。不少教师在处理关于《战国策》究竟是一本怎样书的问题时,只要求学生牢

滋润心灵的文化

记"唐雎不辱使命"一文就是出自其中即可,一两分钟就能结束战斗,决不会引领学生做如此深入的探究。其中原因也许可以列出不少,最重要的一条就是考试不需要如此精细的课堂教学。教与学围绕着考试这杆指挥棒旋转,语文教学的功利性体现得无以复加。

"文化"是一个相当宏大的词语,"关怀"又透着温暖。语文教学必需渗透着文化关怀,教育教学的终极目标在于培养人,正如于老师所提及的语文教学思想——"教文育人"。然而,当语文的教学与功利甚至势力结伴而行时,那么,我们的语文课就只剩下了考试与分数。文化与关怀成了遥不可及的梦想。

"文化"一词的一种解释为"以文教化",这对于语文教师而言是贴切的。用文字来涵养学生的精神世界,使他们拥有独立的人格,高尚的情操,能够成为社会需要的人才并能幸福地生活,充分感受到生命的美好,这应该是我们作为教师的一种追求。然而,当今的语文课堂,尤其是毕业班的语文课堂上还剩些什么?阅读课充斥的是题型的归类分析,讲究的是答题的规范;作文课是考场作文潜规则满天飞,各种技巧让学生云里雾里;再就是在考核范围内的古文依照"考试手册"一遍又一遍的翻炒。各科教师为着一点课时,各怀心思;针对学习困难的学生又各出绝招,连学生都明白:自己的分数联系着老师的命脉!除了公开课,我们的语文课堂上,琅琅的读书声听不见了,静静地读书时间没有了,师生、生生之间思维的碰撞消失了,没有了语文味的语文课,"文化关怀"成了一句彻头彻尾的空话。有时常想,如果没有语文考试的存在,语文教师该干些什么呢?

作为教育工作者,我们应该具备清晰的"文化关怀"意识和敏锐的文化判断力,时刻牢记着我们培养的是全面发展的人。如今一些名声远播的重点高中,借着提前录取的中招政策,收罗优秀学生。其中尤其看重的是理科方面在市级以及之上级别获奖的学生。于是,各初级学校各种竞赛培训班悄然而生。参加竞赛的学生可以不做其他学科的作业,甚至可以停课以专心备赛。作为语文教师面对此种情景,五味杂生,既希望自己的学生有一个好的前程,又怀疑这样的学生是否真有理科的天分。从小学的奥数班一路走来,这样的学生人文素养本就欠缺,他们更需要的是真正意义上的文化关怀。教师明白其中的利害,明理的家长也心知肚明。可是,我们都无法去改变现实,只能看着他们一路跋行,并遥祝他们一路顺风。这是教育的无奈!

记得当政治学科作为中考科目的日子里,政治老师风光无限;当政治分数不计入中考总分时,政治课成了真正的鸡肋,失落写在了每个政治老师的脸上。当体育的30分成了中考总分的一部分时,体育家教居然也如雨后春笋,这是教育之幸事,还是教育之悲哀。但无论如何,与我们所谈及的文化关怀无关。

作为一直被冠以主课之首的语文,一旦不需要考试,那么,常常自以为最有文化的语文教师又该面临一种怎样的境地呢?我想,其惨状也不堪其睹吧。

愿景:坚守自己的事业

于老师说过:语言本身是一种工具,但同时,它又是一种文化,一种语言是一种文化的承载体,对于培育民族精神,孕育民族情结,发扬民族文化有极强的凝聚作用。汉语言文字记载着中华数千年的古老文化,蕴含着中华民族独特性格的精灵,它本身就是文化。语文学科从事的是母语教育,有传承和弘扬中华优秀文化的天然优势,当然应该义不容辞地担当起振兴民族文化、弘扬爱国主义精神的重任。

潮流有时是一种可怕的东西,它浩浩荡荡不可阻挡。一个汲汲无名的语文教师单靠一己之力何能逆而行之。但我们总不甘心目睹文化关怀的消逝,美好意境的湮灭而只发"无可奈何花落去"的慨叹。

"坚守"是一个异常沉重的词语,我们要在传统与潮流的夹缝中寻找

契合点,要有清醒的文化判断力,不迷失、不盲从。我们有责任让优秀的传统文化通过课堂,借助语文,融入学生的血液,成为他们生命重要的组成部分。再艰难,作为一个语文教师,也应该坚守我们的精神家园,坚守我们最初的教育梦想,不离不弃,做守护母语的使者。

喊出一句响亮的口号是容易的,要践行靠的是勇气和智慧。于老师说:"我们要孩子热爱祖国的语言文字,单靠说是不行的,要把课教得情趣横溢,让他们感到这里面是宝库,就好像是九重之渊的骊龙颔下的明珠,要进去把这颗明珠采到。把课上得左右逢源,学生学得欲罢不能,以精彩的课堂教学来感染教育孩子热爱我们母语,学好母语,会学母语,只有用这样的办法才能守住我们的精神家园。"为此,我们将会付出很多,于漪老师喜欢用"含辛茹苦"四个字来涵盖语文教师的生活状态。我们必须苦苦修炼,让自己成为学生寻找精神家园的向导,而决不做"误尽苍生"的罪人。

教师:需要仰望星空

上海市第十中学　任其斌

于漪课堂

《拿来主义》教学片断（1979年12月28日杨浦中学初二（1）班）

师：我们"拿来"是不是为了躺在文化遗产上欣赏欣赏呢？〔生（部分）：不是的。〕不是的，为了什么呢？

生（个别）：再创造。

师：再创造，讲得很好。推陈出新，创造无产阶级的新文化，做文化遗产的新主人。我们拿来的目的是古——

生（集体）：（齐声接口）古为今用，洋为中用。

师：推陈出新，那么什么人才可以拿呢？这里头就有个辨别真假革命者的标准。昏蛋能不能拿？〔生（集体）：不能。〕要烧光的。那么，孱头呢？〔生（集体）：不能。〕因为他怕。软弱无能、废物呢？〔生（集体）：更不能。〕更不能。这种遗老遗少是不行的。因此，就要有怎样条件的人呢？——抓住关键词语说说看。（学生举手）×××。

生13：沉着，勇猛，有辨别，不自私。

师：对。这人要"沉着，勇猛，有辨别，不自私。"对待文化遗产，既不

是全盘接受,也不是全盘否定,而是为了新宅子,为了创造新文化。这就提出了在对待文化遗产上辨别真假革命者的标准,明确地论述怎么样的人才能够批判地继承文化遗产。

……

〔生(集体):齐读第十节〕总之,我们要拿来。……没有拿来的,文艺不能自成为新文艺。

师:好。这一篇文章,首先就它的见解来说,在今天对我们仍然是有现实意义的。对中外文化遗产,必须是吸取其精华,剔除其糟粕。鲁迅先生所论证的"拿来主义"的主张,跟马克思、列宁和毛主席所讲的对待文化遗产的历史唯物主义观点,是吻合的、一致的,至今我们还在用。在1978年召开的全国科学大会的文件《提高整个中华民族的科学文化水平》中,就很深刻地讲了这个问题,我读几句给你们听:(朗读)"我们承认落后,不甘落后,要迎头赶上去,这就必须善于吸收一切外国的好东西,把它们统统拿过来,为我所用,把学习外国和自己的独创结合起来,以利于尽快地赶上和超过世界先进水平。"这就是对"拿来主义"的最精辟的解释。你们看对不对?拿来——拿过来为发展我们社会主义的科学文化所用。

视点:"新主人"的眼光

上面是于老师30年前给初二学生的上课实录。正如复旦附中语文特级教师黄荣华所言:于老师给学生补充这篇经典的"必要性至少有二:一是老师已经引导学生读了很多书,现在需要从理性上给学生一种引导,引导他们更自觉地读更多的书;二是中国的改革开放1979年刚刚起步,怎样对待人类(中外)的文化遗产,整个社会的意识都还比较模糊,初二的学生更是如此,这篇文章能使他们模糊的意识清晰起来,知道'应当采取什么态度'。这体现了教师重要的文化导引作用。"这是很有眼光的。

从这节课的结束部分,我们还能看到于老师对学生的另一重文化导引意义:"推陈出新,创造无产阶级的新文化,做文化遗产的新主人",这是我们作为发展社会主义的科学文化的"新主人"应负有的责任和使命。从于老师有意识地补充拓展材料1978年召开的全国科学大会的文件《提高整个中华民族的科学文化水平》和深情的朗读中,我们可以感受到一颗火热的赤子之心和一股建设社会主义科学文化的昂扬斗志。其间充盈着一股气,它明显加快了我们呼吸的节奏,不由得焕发出一种豪情;其间激荡着一股力,它分明推动了我们前进的步伐,让我们变得沉着、勇猛而坚定;其间澎湃着一种情,它无声浸润、感染着一拨拨后来者,激励着我们更执著地奋然而前行。

我们不得不敬佩于老师的教学高度。她根据学情和需要,立足"文化"的高度,在对"教材"这个例子的运用上做到"以我为主,为我所用",教给学生对待外国文化和本民族文化遗产应采取的态度和方法,以"文化"统领起"文字"、"文章"和"文学",教学既实在又有深度,给人以巨大的教育和启迪。这是一个语文名师的教学高度。

我们不得不感佩于老师的教育眼光。《拿来主义》是初二教材中所没有的,《提高整个中华民族的科学文化水平》更是教材之外的"新鲜鱼翅",但当我们把学生阅读的书单、《拿来主义》正确对待外国文化的态度和《提高整个中华民族的科学文化水平》发展我们社会主义的科学文化的目标连成一线的时候,我们发现了于老师教学选择的穿透力,我们可以解读出于老师当时深邃的思考:应该教给学生什么?应该教会学生什么?应该思考些什么……这是一位教育家的高尚情怀,体现了一种"仰望星空的精神"。

以历史的眼光来看,于老师也是鲁迅《拿来主义》所说的建设新文艺的"新主人",还是《提高整个中华民族的科学文化水平》所倡导的发展我们社会主义科学文化的"新主人"。60年来,于老师孜孜矻矻,立足三

尺讲台,甘做草根,全心培养后学,无怨无悔,发挥了"承上启下"的桥梁作用。著作等身,桃李天下就是明证。即使如今八十高龄,依然不顾身体羸弱,为语文殚精竭虑,为教育呼号奔走,依然在尽一个"新主人"的责任。

所以,她说"今天的教育就是明天的国民素质",她觉得"教育,一个肩膀挑着学生的现在,一个肩膀挑着祖国的未来",她要"一辈子做教师,一辈子学做教师"。这是一种怎样的眼光呀!

这又需要怎样的理解才能读懂于漪呢!

值得思考的是,当我们阅读于漪时,同为"新主人"的我们,如何面对鲁迅、于漪们这些"新主人"的目光?

思考:"新宅子"建得怎样

距离"五四"新文化运动已有90年,距离鲁迅先生创作《拿来主义》已有76年,鲁迅等人所掀起的那场"提倡科学、反对迷信;提倡民主、反对专制;提倡新文化、反对旧文化"的文学革命,成为今天中国文化的宣言书和火车头。距离《提高整个中华民族的科学文化水平》发表也已有32年,改革开放让文化这座"新宅子"的建设成果斐然。但面对多元经济并存、多元文化碰撞所带来意识形态、价值观念和生活方式的冲击,文化建设也面临越来越大的困难和挑战,出现了不少令人忧虑的现象,一些人不同程度地存在国家意识淡薄,民族自信心和自豪感减退,对民族优秀文化传统漠视,对中华民族的归属意识不强,对西方盲目崇拜等,令人担忧。

对这个问题,于漪老师早就有过思考。她提出"教语文,须站在文化的平台上","聚焦在文化认同上"。她还指出:对待外来文化要"择优秀者兼收并蓄,在'化'上下工夫。今日改革开放的新时代,善于借鉴,善于吸收,更是非常必要。然而,在借鉴、吸收的同时,必须'以我为主',有中华文化的主心骨。"这些认识是清醒的,精辟而深刻。这要求我们教师要有建设文化的高度责任感,提高传承和创造的意识和能力。

然而,现实又如何呢?一段时间,我们也出现了许多"孱头"、"昏蛋"和"废物"。借鉴是借鉴了,不过,往往"借"多而"鉴"少,有的甚至是"借"来就用,也不管水土服不服,只要是外国的都好;吸收是吸收了,不过,往往"吸"多而"收"少,有时甚至只顾"吸"了,而不管"收"的能力如何,"收"了多少。"西风东渐"的结果,"西风"压倒了"东风",言必称西方,行必效美国,从物质享受到精神消费,"崇洋"之风日盛,贻害渐显。吃"肯德基"、"麦当劳",催熟一个个小胖墩;喝"可口可乐",喝出一个个骨质疏松;穿"牛仔",看"大片",听"流行",催生出快餐文化、娱乐至上。新时代的"新主人"们的"中国芯"质量堪忧,"缺钙"现象严重,文化归属感渐弱,前景堪忧啊。

"新宅子"建设得怎样,关键取决于建造这座"新宅子"的建设者自身的文化素养。鲁迅先生在《中国人失掉自信力了吗》中说,"我们从古以来"就有"埋头苦干"、"拼命硬干"、"为民请命"、"舍身求法"的人,他们能"光耀"史册,是因为他们"有确信,不自欺"。中国有这样的"脊梁"作为擎天柱,何愁"新宅子"建设不好!如果我们成年人,尤其是教师丧失了自信力,只是跪着行走,仰人鼻息,那必然影响下一代"新主人"健康成长,"新宅子"建设就将岌岌可危了。

愿景:我们都是"第三个建筑工人"

听过一个故事:有人曾问三个砌砖工人:"你们在做什么?"第一个工人说:"砌砖。"第二个工人说:"我正在赚工资。"第三个工人说:"我正在建造世界上最富有特色的房子。"据说到了后来,前两个人一生都是普普通通的砌砖工人,而第三个工人则成了著名的建筑师。

三个人的回答道出了每个人对这一工作意义的认识。第一个工人把砌砖看作毫无目的的工作,自然免不了缺乏责任感和进取心。第二个工人为了赚钱而工作,把砌砖看作谋生的手段,砌砖的价值就在于挣钱,

滋润心灵的文化

自然工作不思改革,主观能动性难以充分发挥。第三个工人之所以成为著名的建筑师,关键在于他有自信,有理想,有不懈拼搏的精神。借助这一双"隐形的翅膀",他取得了成功。

其实,教师就应该是"第三个建筑工人",有理想,有追求,有长远的眼光,有持久的韧劲,满腔热情地"建造世界上最富有特色的房子",自信满满地打造能"建造世界上最富有特色的房子"的"新主人"。这是历史赋予我们的使命。

人们常说如今是一个缺乏大师的时代,很大程度上就是因为我们太急功近利,把科学和艺术变成了敲门砖,而不注意它的人文内涵。君不见现实中不少家长逼迫孩子弹钢琴、学画画,目的只是为了考级,为了升学考试时加分?君不见书店里的奇景,每当暑期到了,无数的家长带着孩子前往书店采购图书,目的只是为孩子提高应试技巧多得分数?君不见现在学校高度重视知识,极少关注智慧,让孩子自己去发现的现实?当一个人把对幸福的追求简化成高考成绩、住房的平方米、名牌服饰,把物质呈现为某种能力、成功、满足的符号,而背离"满足生存和发展所需"的本真价值的时候,文化对他们又有什么意义呢?从他们中间,是产生不了"著名的建筑师"的。

一种行为,一种现象,总有它深刻的文化根源。当前中国的经济发展速度很快,以这样的速度,几十年赶上欧美先进国家也许不成问题,但是,要维持这样的速度,仅仅依靠经济自身的力量恐怕很难,还必须从文化的变革中寻求一种恒久的支撑力量。

我国著名的科学家、教育家和社会活动家钱伟长院士说:我们培养的学生首先应该是一个全面的人,是一个爱国者,一个辩证唯物主义者,一个有文化艺术修养、道德品质高尚、心灵美好的人;其次,才是一个拥有学科、专业知识的人,一个未来的工程师、专门家。93岁高龄的他最后一次参加上海大学毕业典礼,叮嘱学生在校训"自强不息"后面加上一句话:"先天下之忧而忧,后天下之乐而乐。"然后大声问道:"孩子们,你们是否能记在心上?"他在用爱国理想和社会责任激励学生去追求自身的高尚,去追求一种更有意义、更有价值的人生,提升自身的精神境界。这就是一种文化传承,就是一种文化支撑。

文化成果经过传播活动而积累、进步,形成许多不同的文化圈,积淀越深厚,文化圈越古老、越稳定。文化积淀不是封闭的、由上一代文化简单机械地传递的过程,而是有创造的。但是很可惜,许多人对"文化"的真正理解还是停留在边缘上,且文化的贫血也是当今部分国人的通病。《上海传统节日资源开发与操作专题研究报告》中有一部分是针对中学生的调查,结果表明,过传统民族节日对于年青一代来说仅仅是"吃节令食品",他们并不清楚节日内涵——而传统节日的根基恰恰在于文化,若剥离了文化内涵,就会缺乏活力。《报告》指出,长期以来,学校教育中并没有给予传统节日文化足够的重视,造成许多年轻人"因陌生而漠视"。青少年只是跟着大人"习惯性"地过春节等等"大节日",谈不上有多少认同和喜爱。

这是我们大人的责任!这是我们教师的责任!鲁迅、钱伟长、于漪等师长以高度的责任感,以"出自义务"的文化自觉一直关注并思考着中国文化建设问题,那同为建设者的我们应该如何,不是不言自明的了吗?!

歌德说过:"那最神圣恒久而又日新月异的,那最使我们感到惊奇和震撼的两件东西,是天上的星空和我们心中的道德律。"我们缺少的恰恰是这种仰望星空的精神。

文化的积淀是一个漫长的过程,来不得半点虚假和敷衍。"生也有涯,无涯唯智"。为了造就"新主人",建设"新宅子",让我们一起沉浸于文化的采集和酝酿,在积淀中感悟体会,在积淀中继承发扬,在积淀中创造发展。

第二部分 课程意识

把"人"放在哪里?

上海复旦附中　黄荣华

已有无数的人指出,我们的教育很多时候是教育的反动:本应以人为本,却以分为本,只要能出高分,其他一切都可以不论;本应育人,却在折磨人,甚至扼杀人;本应将学生从人性的暗处导引出来,却让学生越走越黑。在这样的教育中,"人"被放逐了。

然而,在于漪老师的授课、著文、编教材、做报告等各种各样的教育活动中,"人"却完全是另一番样子:不仅有地位,而且生动活泼,生机盎然。"人",被于漪老师放在了她理想教育的中心;"教文育人",被于漪老师定位为语文学科的一个核心概念。

一

早在1960年代,当"教学大纲"[①]将语文教育目标定位于把学生培养成为"有社会主义觉悟的有文化的劳动者"之时,于漪老师就将目光投向了"人"。她在1964年5月发表的《把语文课上得实惠一些,朴素一些》一文中说:"在教学实践中我体会到:要提高课堂教学质量,绝不能'闭塞眼睛捉麻雀',要胸中有书,目中有人。"[②]不难看出,在大家把培养劳动者作为教育目标时,她的心中已建立起了"教书(文)育人"的概念,自觉地探求"书"(文)与"人"的关系。

进入新时期后，于老师对"人"有了更深入的研究，她发表了《兴趣·感情·求知欲》③、《教心必先知心》④两篇重要文章。我们从这两个题目即可感受到，于老师是把学生当作活生生的个体来研究的。"教心必先知心"，在今天同样是教育格言。

1989年初，于老师在《语文学习》第1期上发表《素质·能力·智力》一文，明确提出"'教文'要纳入'育人'这个大目标"的观点：

"语文教师教学生'文'，对学生进行严格的语文基本训练，使学生正确理解和运用祖国的语言文字，具有一定的读写听说能力，当然是义不容辞的责任；然而，与此同时，必须高度重视培养学生的思想素质、道德情操和文化素养。语文教师应树立鲜明的'育人'目标，'教文'要纳入'育人'这个大目标。"

新世纪之后，于漪老师又赋予"目中"之"人"这样的特质："情感力""思想力""创造力""文化理解力""自我反省力""社会批判力""学习力""发展力"等。2007年出版的《岁月如歌》中，她这样概括"目中"之"人"："一是学会学习，就是具有理解力、分析力、知识系统化的能力、创新能力等"；"二是学会做事，学会做事就要学会独立思考，有首创精神，不人云亦云"；"三是学会共同参与。现在不是那个小生产的时代，许多创造发明、许多科学研究，都是跨学科乃至跨行业的成果……要有视野，要有胸怀"；"四是学会生存，学会发展"。⑤这可以看作于老师对"教文育人"之"人"的总结：语文教育就是通过"教文"使学生朝着生命得到不断发展之"现代文明人"的方向前行。

二

不妨研读于老师的两个教学实例——

一次讲授《变色龙》，课堂上坐着一百多位观课的老师，课到尾声，一位同学突然站起来说："老师你教错了！"作为老师怎么办？于老师在《让课堂充满生命活力》一文中这样叙述：

我立即请这位同学上台前讲述。她指着板书说："这时警官奥楚蔑洛夫已吃准了这条狗是将军哥哥家的狗,巴结拍马的心情更急了,你用和前面一样的线条来表示,不符合实际情况,应该频率更快,距离更短,波峰更高。"一石激起千层浪,许多同学七嘴八舌表示赞成。学生是可爱的,我请他们用红粉笔修正我白粉笔线条的错误,并诚恳地告诉他们:我在习惯的轨道上走多了,课前只考虑到主人公变的现象和不变的本质之间的关系,用两根线条表示,而忽略了现象本身也在变化。我是单向思维,学生是多向思维。就这一点而言,学生是我的老师。⑥

这是于老师"胸中有书,目中有人"理念的生动践行:只要能"让课堂充满生命活力",只要能让学生的生命得到发展,预设的一切均可改变。从这个生动活泼、生机盎然的教学现场,我们感受到学生的勇气,感受到他们的思考力、批判力、学习力。而这样的场景所以能创造出来,与教师心中时时装着的"人"字紧密相连,与教师对"现代文明人"的期许紧密相连。它体现教育的传统意义——对自然人的约束意义的同时,又体现了教育的现代意义——造就具有平等意识、独立人格的精神健全人。

再看一例:

师:噢,坚决果敢。这里就是说什么?(学生议论)站起来说。

生 19:义而当为。

师:什么?听得懂吗?这是哪几个字?"义"是什么?

生 19:"义"就是(下面学生议论纷纷)。

师:同学叫你上去写。

生 19:(板书:义而当为)。

师:他上去写的时候我们想一想,我们在学《谈骨气》的时候曾经有一句话,是什么?

生(议论):威武不能屈。

师:对,威武不能屈。(指板书)这时是"义而当为",对不对?

这是于老师讲授《唐雎不辱使命》的一个小片断。当有一生说"义而

当为"的时候,同学们议论纷纷,于老师说"同学叫你上去写",而不是说"老师叫你上去写"。这是课堂里一个很小的环节,但里面有大学问。

首先,"义而当为"是一个较陌生的词语,许多学生一下子听不懂,让该生书写到黑板上可以让全班同学在这个特殊的语境中都认识它、了解它、掌握它。这是课堂智慧生成的一个环节。

其次,让学生离开自己的座位,把自己精彩的回答写到黑板上,是对一个学生很高的奖赏,就像足球场上主教练有意把本场表现最好的球员在89分钟时换下,以让他接受全场球迷的掌声一样。我想,那位同学当时的心里应当是非常激动而愉悦的,因为教师的这种行为给了他暗示:我的回答不仅得到了老师的肯定,而且得到了同学们的关注,并能使同学们得到同步提升。这让学生充分体会到了积极思维的乐趣和成就感,而这正是课堂评价的重要意义。

再次,当我们将其与后面老师的板书"威武不能屈"联系起来思考时,我们还能看到这里更深层的教育思想的支撑意义:有一些东西是施教者必须坚持的东西,当学生的学习行为背离了这些东西的时候,教师则必须有所为,使学生回到正确的轨道上来。体现在课堂上,则是教师对自己预设的必须在这堂课上讲授的某些内容的坚持与落实。我想,于老师在这堂课的教学预设中,一定有与吴晗《谈骨气》联类思考的步骤,一定有"威武不屈"这一内容的呈现、体味、浸润,因为这是铸就《唐雎不辱使命》这篇文章"合金"般硬度的重要元素,是铸就唐雎这个人物铮铮铁骨的重要元素,而在背后支撑这种硬度与铁骨的是中华文化中人性的刚毅意志与为正义事业献身的崇高的勇毅精神。而所有类似这样的内容——无论古今,我们中国人"人之为人"的重要品性——如何在语文课堂上借助文章的学习,适时、适当、适度地传递给学生,是一个语文教师每堂课都应当思考的重要问题。只有思考清楚了这个问题,并且将其预设进自己的课堂,才不会在课堂上跟着学生的感觉到处漂移,任意东西。回到于老师的这个教学片断,我们清楚地看到,当老师问"这里就是说什么"时,老师期待的答案是"威武不能屈",但学生给出的却是"义而当为"。前者体现的是行为精神,后者体现的是应当表现的行为态度。如何让学生从行为态度上认识行为精神?老师运用了迁移的方法,让学生忆想《谈骨气》,于是问题得到了解决。如果老师跟着学生的感觉走,或到"义而当为"止步,肯定学生的答案,或从"义而当为"生发开去,讨论什么是"义而当为",那都是将预设的重要内容放弃。这不是一个理想的教师坚守理想教育的行为,因为这样的行为最终放弃的是对"人"导引。

三

于漪老师几十年来坚定地将教育目标指向促进"人"的发展,因此,无论理论阐释,还是课堂实践,她的教育活动确实都"充满生命活力",体现了一个语文教育家对语文课程的育人意义的清醒认识,体现了一个语文教育家对语文学科在基础教育中的独特意义的不懈坚守。这,尤其是后一点,在今天显示出了"镜子"的意义,照见了今天语文教育界的反教育行为。

受功利主义的挟持,"育人"异化为"育分"。于老师的语文课堂上,在教师的引导下,学生与作家的情感、思想不断相遇相知,相知相融,相融相生,作品中寄寓的作家的美心、善心、慧心也就不断地感染着、激荡着、影响着学生,助推学生孕育美心,走向善地,达到慧境。但现在受整个社会功利主义的挟持,语文教育基本变成"语文应考学习",中考、高考怎么考,教师就怎么教,教育目标最终指向考试分数,语文课堂变成了"育分堂"。这里没有了"文",没有了"文"里面的"人",更没有了"将人作为人来培育"的教育境界,有的只是考点,只是套路,只是如何得分的所谓"技巧",只是机械的反复操练。不用走进课堂去实证,只要走到教辅书市,那形形色色的练习就告诉了我们这一切。

受专制文化的流毒,"育人"行为反成扼杀人的行为。与于老师对学生真诚的肯定、引导、宽容、期待、理解等相比,今天的课堂有许多这样的现象:为实现既定的教学目标,置教学现场的种种生动的学习情形于不顾,往往强词夺理、强拉硬拽地把学生的"思想""扳"过来,甚至对持"异见"的学生进行打压。这是专制文化的流毒所及,它不仅无益于"人"的成长,从现代教育意义的角度说,它与现代意识中的平等、民主、独立等背道而驰,是对"现代人"的扼杀。

片面理解"以学生为本","育人"意义被消极的教育行为消解。与于老师对基本价值的坚守不同,今天许多语文课堂常常跟着学生的感觉走,随便就将教师的预设放弃(或者根本就没有预设),学生走到哪里就是哪里,下课铃响起,师生已离最初的教学目标千里之遥。这是因片面理解"以学生为本"而产生的消极教育行为,它失去了教育的原则意义,也就失去了教育的坚守意义。其实,人类的教育从来就是主动行为,从来就有预设的教育目标。同样,语文教育,每一堂语文课,都应当有清晰的教育目标。语文教师如果放弃了为师者组织、参与、启发、点拨、引领、甚至牵引的作用,哪里还有"语文教育"的存在?

把"人"放在哪里?这是今天的语文教育必须直面的问题,必须首先解决的问题。显然,不能再放在分数堆里了,不能再放在教师不可冒犯的权威杖下了,不能再放在无原则的消极教育的时光中了,笔者认为,于漪老师始终坚守着把人放在理想教育的中心,教文育人,导人成长,促人发展,是今天的语文教师应当传承与弘扬的语文课程的核心意识。

注:

①"教学大纲"2000年后称"课程标准"。

②见《于漪语文教育论集》第148页。

③《上海教育》1979年第3期。

④《语文教学通讯》1981年第4期。

⑤见《岁月如歌》第105页。

⑥见《于漪新世纪教育论丛·超越》第112~113页。

为学生的发展奠基

崇明教师进修学校　耿慧慧

这个时代不再是"知识改变命运"的时代,而是"智慧改变命运"的时代,"智慧"是灵活运用知识的能力。于漪认为"未来的文盲不是目不识丁的人,而是那些没有学会学习方法,不能自己钻研,没有预见能力的人。即缺乏思维能力的人。"因此语文教育根本性的任务是为学生未来的发展奠定基础。

一

语文教师必须要树立正确的学生意识。语文课程首先关注的是学生的成长,而不是为了完成教材的内容。因为"基础教育阶段传授的知识,许多是知识的'核',不因时间推移而老化,这个时期学生学到的知识、培养的能力往往陪伴终身,一辈子都起作用。"[1]所以,语文教师在确定教学内容时,必须要思考:我的教学内容是培养学生哪些知识与技能?除了"术"的层面,对于学生的心灵世界、人格素养又将怎样进行引导与影响?前者是帮助后者提升的阶梯,后者才是教育的本质,即培养具有健康完善的精神世界的人。语文教师只有具备这样的"远见",才能使日常的教育教学工作真正做到"一切以学生的发展为本"。

其次,语文教师要时刻意识到学生是变化发展的。教育面向的是一个个活生生的个体，不仅每一个学生是独一无二的，即使是同一个学生，也是在不断发展变化的。因此为学生的发展奠基，就要关注学生与学生之间的差异，利于"因材施教"；对同一个学生，不仅要关注他的"当下"，更要研究他的"此前"与"未来"。于漪老师曾撰文总结自己的了解学生的做法："我了解学生常用的方法是：望、问、听、阅和材料跟踪。望：目测，课内课外与学生接触中察言观色；问：作口头和书面的询问、调查；听：谛听学生背诵、朗读、说话、讲演；阅：看阅学生各种语文作业及其他书写的有关材料。根据平日了解所得建立每个学生的学习资料，定期填写有关项目，进行材料跟踪，研究他们在语文学习上的发展变化。"②这样的做法是长久而有效地研究学生的"此前"、"当下"，瞄准学生"未来"的教育教学，这是真正树立以学生为主体的语文教育意识，是于漪老师"目中有人"的教育理念在实际的教育教学中的反映。

最关键的是，就学科特点看，语文教师的学生意识的核心，是把自己的教育教学行为看成是促进学生语文能力成长的行为。关于语文能力的内涵，从阅读能力和写作能力发展到听、说、读、写四种能力早已深入人心。上世纪八九十年代，语文教育界一直强调应夯实这些能力，因为它是人们最重要的交际工具。然而，于漪老师对于这一点的思考并不仅于此。她认为，"语文学科还应具有发展功能。语言的发展能很好地促进人的观察力、记忆力、想象力、思维力、创造力等等多种能力的发展。"③听、说、读、写能力的发展必须有赖于学生思维能力的发展。这一重要的认识揭示了语文教学中收效低微的一个重要原因，即脱离了思维能力的培养，听、说、读、写就失去了内驱力，只能成为表面的知识，而无法内化为学生的能力，当然更无法促进学生语文能力的成长。所以，语文教师正确理解语文能力的内涵是促进学生发展的前提。基于此，教师教的活动应该与学生学的活动互相促进，教师要尽量让每一位学生都参与到学习过程中，自主学习，独立思考，相互交流，从而使学生的知识、技能、情意都得到可持续的发展。

二

目前绝大多数的语文教师对学生不是不重视,花的时间和精力也非常多。许多老师挑灯夜战地批改学生的作业,牺牲休息时间为学生补习,这些都是在为学生今后的发展奠定基础。然而实际的教学成效显示:学生的学习任务越来越重,学习兴趣却越来越低,学生在阅读与写作过程中表现出的思维力与创新力严重不足。而思维力与创新力的不足将对学生今后的成人、成才造成巨大的影响。

反思我们语文教师的学生意识,是否存在着下面这些现象呢?

最普遍的一类现象是对学生现状的研究不足。主要表现为以下两点:一是对学生已有的认知能力不够了解。学情应是教学的出发点,然而,在实际的语文教学过程中,常常是调查不足而导致过高或过低地估计了学生的学习现状。古典诗词从小学、初中到高中都有经典的作品选入。对小学五年级的学生讲"意象",不仅过高,而且是超高地预估了学生的认知能力;而对高中的学生仅仅讲写了什么景抒发什么情感,显然是不够的。造成这种现象的原因,与教材主题单元的编写体例不无关系,但这也正说明了研究学生现状的重要性,尤其是对不同年龄不同学段的学生的认知能力要进行深入地研究,这样才能避免教学的无效性与盲目性。其二是对学生情感态度价值观的了解不足。语文教师往往更多地关注学生已有的知识技能,而对他们的思想、性格、学习心理、学习习惯、学习方法等知之甚少,或者是不曾了解与研究。这恰恰是学生综合能力得以发展的关键性因素,也是学生成人、成才的必备素养。

在实际教学过程中存在比较普遍的现象是牵着学生的鼻子走,限制学生独立思维能力的发展。几乎所有的教师都是认真详细地备课后进入课堂实施教学过程,由于预设充分,加上传统以教师"教"为主的观念的根深蒂固,许多教师都追求预设的教学内容的"教完",因而常常出现

滋润心灵的文化

为完成"教学设计"而组织教学过程的现象,在这样的现状下,学生往往被教师的"教学设计"牵着鼻子走,教师的很多提问只是为了引出"预设答案",而不是关注学生在此过程中的思维状态,在交流讨论中是否"习得"。因而学生独立思维能力的发展受到的阻碍最大。

限制学生语文能力发展的症结性的问题是,我们的课堂更多的是以解决学生的问题,让学生对学习内容没有疑问作为目标,而不是通过教学去启发学生广泛深刻的思考,并提出更大有价值的问题为目的。也就是说,我们的教师关注的是解决学生"当下"存在的问题,而不是在研究学生"此前"的基础上,着眼"当下",并为学生的"未来"发展奠定基础。

更为严重的是"应试教文"现象,即语文教师不是根据学生语文能力成长的实际情况和需求,结合文本的特点"教文",而是考什么教什么。这样导致的后果必然是忽略文本本身的思维逻辑和思想文化内涵,也就是忽视学生阅读写作能力的发展。长此以往,要提升学生的思维力、想象力、创造力也只能是一句空话。

因而,强烈呼唤语文教师一定要具备真正的学生意识。

三

分析现象,提出问题,是为了寻求解决的策略。我们不妨读读于漪老师的教学案例,从中获得具体的、实践性的借鉴。

于漪老师在进行《〈一件工艺品〉作文讲评》时有这么一段课堂实录:

师: 我们在学《核舟记》的时候,曾经对雕刻核舟的人以及写《核舟记》的作者作了一个评论,有那么两句话,大家还记得吧?讲讲看。

生(部分): 刻者惨淡经营,笔者织锦成文。

师: 刻者惨淡经营,笔者织锦成文。(板书:刻者惨淡经营 笔者织锦成文)刻核舟的是谁啊?

生(部分): 王叔远。

师: 那是苦心构思,技艺——

生(部分):高超。

师:精湛、高超。写《核舟记》的是谁?

生(多数):魏学洢。

师:把核舟的开头,还有——

生(部分):人、物。

师:舟上的人,舟上的物都清楚明白,因此我们说刻者和笔者是相得益彰,刻得好刻得精湛;写也写得好织锦成文。我们学了这一篇说明文之后,要求同学们学习笔者观察事物的眼力,也学写一篇文章。对象是什么呢?是工艺品。我们发了几十张工艺品的照片,请同学们仔细地观察并且有条理地加以说明。写的情况如何?这一节我们就讲评同学们介绍一件工艺品的说明文,研究应该怎么写,精致的物品(板书:精致的物品)应该怎么观察?(板书:观察)在观察的基础上又怎样来加以说明(板书:说明)。总的来看,同学们观察得还是比较仔细的,但是在学写的时候有粗细之分,正误之别,好差之异。今天我们着重讲评四篇,讲义同步发下来了,请同学们读一读。④

这段教学实录中我们具体地感知于漪老是如何将心中以学生的发展为本的理念具化为教育教学行为的?

首先,细致分析学生的学习现状。在写作前,教师对学生的学习现状的分析是全面而深入的。直接要求学生写说明文是抽象的,因而借用课文《核舟记》来进行仿练,让学生感觉形象而具体;要写作《一件工艺品》,学生可能从来没有仔细观察过工艺品,因而于漪老师"发了几十张工艺品的照片",让学生仔细观察后进行写作;在对学生的作文进行批阅后归纳总结存在的问题,然后用典型的例文来进行讲评。通常,很多语文教师对学生作文的批阅与讲评会花大量的时间与精力,但对写之前的学生现状的分析往往是忽略,或者是粗略的,而这恰恰是决定写作内容与质量的重要因素。根据学生的现状确定教学内容,教师必须在如何深入了解学生的学情上多动脑筋,多花心思。

其次,由知识到能力的逐步转化。《核舟记》是一篇描写精美的文章,单靠讲未必能让学生体会到它的"织锦成文",因而以学生自己的写作实践来比较,学生能从实践中体会到作家笔力的不凡,这不是老师"教得"的,而是学生自己"习得"的;而从写作能力来说,没有《核舟记》的阅读,也就缺乏写作说明文必需的知识。从知识到能力的逐步转化在于漪老师的教学中是刻意为之,而自然习得的。

再次,关注学生思维能力的培养。对"核舟"的刻者和《核舟记》的作者的提问,表面是知识的"温故",实际是为了引出"两者相得益彰"。刻得好,要仰仗写得好来出彩;而写说明文离不开对物品的细致观察。两者都是艺术的创造者。研究如何观察?怎么写?这些设置的背后都是对学生思维习惯与思维能力的培养。而思维力是促进学生发展的核心力。

在于漪老师的所有教育教学案例中,学生自始至终是放在首位的。于漪老师的"目中有人",不是"抱着走"、"牵着走",而是"引导、启发、唤醒、激励",让学生自主、自信、自由地发展。⑤

语文学科要为学生的发展奠基,语文教师必须不断发展自身的语文能力。于漪老师在《论中学语文教师》一文中对中学语文教师应具备的语文能力修养作了如下界定"中学语文教师语文能力修养包括听说读写基本能力、语文教学能力与语文教研能力等。"并对此作了立体化全方位的构架。教育要"出人",首先必须要"出师",教师首先要严格的塑造自己,才能真正承担教文育人的重任。

注:

①出自《于漪新世纪文丛·呐喊》(广西教育出版社)

②出自《我和语文教学》(1983年)

③出自《于漪与教育教学求索》(上海教育出版社)

④出自《于漪教学实录》电子整理版

⑤出自《于漪新世纪文丛·启智》(广西教育出版社)

为母语教学点穴

上海市教委教研室　谭轶斌

谁都不否认八十多岁的于漪老师依然与时俱进。在新课程拉开帷幕之后,于漪接受某杂志主编访谈时强调,"课程中环境要素不可忽视。有物质的硬条件、教学设备等,有心理的、文化的软条件,社会的、家庭的、学校的,扬长避短,兴利除弊,均是课程应有之义……课程的发展趋势,从学校一个因素,强调教材一个因素,发展到学习者的经验,发展到教材、教师、学生、环境四要素的整合。"[①]

30年前,于漪执教《花儿为什么这样红》一课时,就把课堂搬到了鲜花盛开的校园,学生们学得兴致盎然。于漪听课时,时常会注意教师的板书和投影清不清楚,声音是否响亮到能让最后一排学生听见。这些均体现了于漪对物质环境的重视。

于漪在一二十年前就提出,语文课堂教学"必须打破沉闷的空气,大力改变教师讲、学生听的单一情况,要力求多渠道地传递信息。"教"作用于"学","学"也作用于"教",它们之间是相辅相成的关系。师生如果同处于积极思维的状态,那么学生所接受的信息比来自教师单方面的要多许多倍。"[②]这里隐含了于漪对人际环境的关注。

于漪对学校文化环境也常放言而论,学校办学必须要深入到文化层面,但当前相当数量的学校仍停留在"技术办学"层面,未考虑过"文化育人"这个问题。现在的学校规模越来越大,设备越来越好,但却越来越没有分量,质量也总是缺这少那。③

而本文所谈,更多涉及于漪对母语教学的观念环境的重视。

一、危机与警示:母语教学的名与实

汉语是根植于每一个中国人心灵深处的精神之根、生存之本,是华夏子孙的人文家园和精神线索,是中华民族在全球化浪潮中身份认同的文化基因。母语教学没有不受到充分重视的理由,但事实并非如此。

笔者曾以"语文是气体,数理化是固体,音体美是液体"这一判断句,请学生写随笔发表感想。学生们均认同这一说法,觉得语文就像气体一样,无时无刻不在我们的生活中;语文又像气体一样,不可捉摸。还有位学生打了个比方——语文就像封建宅院里的大太太,明媒正娶,地位很高,但不受宠。

这些年,于漪身退心未退,她时时刻刻关心着母语教学,对母语教学的现状心存忧虑:"坦率地讲,这些年语文的地位已经从所有课程中的第一位下降到第五位,在一般的高中里排在外语、数学、物理、化学后面。在一些中学的理科班甚至只要数学和外语,语文成绩实际上是不看的。"于漪对原因的分析可谓中肯,"为什么语文这个学科在孩子们的心中这么没有地位呢?我觉得有大环境的原因,也有学校小环境的原因;有教师、家长的责任,当然也有孩子的一些认识上的误区。现在整个社会上都有一种急功近利的思想,表现在学校里,就是重技能技巧,而对人的培养,'对求学为什么',没有足够的关心。"④母语教学理应有很高的地位,但如今已有名无实。

另有一说,可资比勘。那是于漪在 2004 年中国语文教育高峰论坛上的书面发言,"不能重外轻内,奉外贬内,把母语学习放在不屑一顾的位置。从长远来看,语言文字存在一个激烈竞争的环境,强势语言对弱势语言的生存构成很大的威胁,西语霸权的情况不言而喻。"

笔者忽地想起一事:前些年,白先勇先生新编古典戏曲《牡丹亭》,到各个大学巡演,不少大学生居然无法看懂文言剧词,只好借助字幕上的英文,反过来揣度中文句意。毋庸置疑,英语已成为事实上的"世界语",它在相当程度上挤压了汉语的生存空间,当今学生和一部分青年教师对母语学习的认同度、认知度明显下降。

在这样的社会大环境下,"阅读教学程式化,作文教学模式化,能力训练机械化,学生常常成为操练的机器,兴趣、爱好、特长、个性的发挥,不能说没有,但确实已凤毛麟角,十分罕见。语文学科是一门最开放的学科,语文与生活同在,应用性极强。把最开放的学科禁锢在考试的小圈子里,把最广阔的天地挤压到一个狭窄的角落里,对其'敲门砖'的功能放大再放大,学生怎敢越雷池一步?这种被动学习的状况、形成的后果与现代社会素质教育要求培养的目标距离甚远。"⑤

于漪为汉语所承载的文化继承将会出现断层而忧心忡忡。耄耋之年的她仍不遗余力地为母语教学的价值、地位而大声疾呼。在全球经济一体化和文化多元化的时代,母语教学处在非常困难的境地,但母语是文化的生命线。愈是困难,我们愈是要帮助学生学好母语。于漪没有直接发出"拯救母语""救救孩子"的呐喊,她的话语入情入理,常常是呼吁与论说交替互见,把功过利弊一一道明,话语中透着深重的隐忧。

二、目的与旨归:母语教学是精神哺育

于漪曾谈及如下课例:

学习都德的《最后一课》,教师让学生在书上画出注释中有的词语,然后抄写几遍,把注释背出来;再画出有关法国语言最美的句子,抄在练习本上;要求学生看一遍,接着完成《一课一练》的相关练习。几天以后,一位家长问孩子:这篇文章是世界上许多国家少年学习的教材,你学习以后怎么想的?孩子回答说:和学习别的课文一样,画词抄词背词,

滋润心灵的文化

做练习;还有,韩麦尔先生话说不出来,哽住了,很滑稽,是不是得了老年痴呆症。家长愕然。

于漪当然也愕然了,否则她不会把这个案例记得如此清晰。愕然之余,于漪提出了许多在当时新人耳目的观点:"民族文化是民族的根,而民族语言负载民族文化,是根之根。语言文字在民族生命的组合中,对外是屏障,对内是黏合剂。语言文字这个工具在为民族政治、经济、文化服务的过程中渗进了民族的个性,成了民族的财富,民族的标志。汉语言文字承载着中华民族数千年的文化,语言这一工具和它承载的文化、思想不可分割。也就是说,语言不能凌空存在。"⑥

下面层出不穷的要言妙道也均从于漪文章中提炼或摘录所得:

民族的睿智积淀在民族的语言中。凡是明智的领导人,有希望的民族,都把自己的民族语言放在非常重要的位置。汉语是活泼的,有灵性的,有表现力的,有迷人魅力的。教母语,同时也在教民族的思想和感情。语言文字装载着丰富的情和意。语文教学要有更高的起点、更新的观念、更宽的视野。母语教学绝对不是技术问题。教学中千万不能把语言文字看成是僵死的符号。母语教学不能如同外语教学中的"商业对话"训练,不是"英语900句"。母语学习,从来就是一个民族对其后代的精神哺育。

于漪的很多话语在当时都是振聋发聩之语。她所提观点不急进,不褊狭,总是鲜明、正大、平实、辩证。若说字字珠玑,或许有溢美之嫌,但确实句句点中母语教学的死穴,令人折服。于漪完全从自己的教学实践出发,不谈玄蹈虚。她教《岳阳楼记》,就把做人的忧患观、价值观承接下来,在传播知识的同时,撒播做人的良种。倘若忽视了对学生的精神哺育,就在很大程度上失去了母语教学的真正意义。

三、探勘与自觉:母语教学要远离纯技术化

如何面对新世纪的挑战?于漪不是一味地强调母语教学的无力、无

能、无奈的尴尬处境,而是探索并自觉实践"三个远离"。

第一,远离工具论的单向定位。于漪对语文学科性质的认识具有前瞻性与思辨性,她的《弘扬人文,改革弊端》等文章,为语文学科的定位和语文课程改革打下了坚实的基础。于漪强调课文是学生学习语言文字的范例,应从内容与形式有机结合的高度来学习,既要让学生整体感知,又要能对精彩的局部含英咀华。还强调学习课文一怕架空分析,丢掉了语言文字的训练;二怕肢解,把好端端的文章肢解成若干零部件,丢掉了文章的灵魂。

第二,远离母语教育的功利色彩。"语文这个东西是逼不出来的,就像种庄稼一样,无法急功近利。别的可以补课,可以突击,语文不可以。它就是要耳濡目染、日积月累、细水长流。语文是与功利相悖的一门学科"[7]你若有幸听过于漪的课或看过她的教学录像,你会发现在她的课堂上,从来没有纯技术化的东西。于漪总是想方设法帮助学生告别功利,找回失去的精神家园。

第三,远离题海战术和机械训练。"而今只重视符号的训练,学生被淹没在题海之中,做自己不愿做又不得不做,似是而非又必须非此即彼的练习。语境不见了,趣味没有了,独特的体会、见解、创意不允许,只得在预先设计编织好的答题框子里浮沉。"[8]而于漪的课堂,决不预先设计好圈套引诱学生往里钻。她或给学生创设读写的自由天地,让学生在其中驰骋想象,信笔悠悠,或让学生进入作品的情境之中,实现读者与作品所写之景、所塑之人、所抒之情、所论之理在情感上的和谐共振。

前文提及《最后一课》的教学,且看于漪如何执教:

"……啊!这是最后一课,我真永远忘不了!"某生满怀感情的朗读深深感染了同学们。"当当当……",录音机里突然传出了十二下敲钟声,沉重,遥远。趁同学惊诧之际,于漪出示了一张韩麦尔先生写完"法兰西万岁"两个大字后的彩色照片,要求学生图文对照,仔细观察,仔细阅

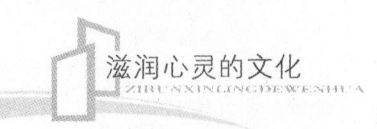

读,然后在理解的基础上用饱含激情的语言描述课堂上庄严肃穆的场景,描述韩麦尔的神情、语言、动作及他内心的痛楚和期望,描述此时此刻小弗朗士的心情和感受,说明这个场景在"最后一课"中的地位和作用。学生的学习积极性被充分地调动起来。

技术的白昼是世界的黑夜,海德格尔的这一论断在今天更有说服力,因为技术正如八爪鱼般牢牢地纠缠着我们,母语教学也不例外。于漪"三个远离"的实质便是远离纯技术化。

如果我们能对母语怀有敬畏之心,如果母语教学能着意于培育和陶铸,那么,未来的母语教学将会长袖善舞还是捉襟见肘,答案显然是前者。

注:

①《于漪新世纪教育论丛·呐喊》第99页,广西教育出版社,2008年版

②、⑤、⑧《站在大写的人字上》第186、139、176页,上海教育出版社,2001年版

③《学校的灵魂》,《上海教育》,2007年第6期

④、⑦《对母语,应该有血肉亲情》,《中文自修》,2004年第5期

⑥《语文教学谈艺录》第4页,上海教育出版社,1997年版

语文教师应该站在哪里？

金山教师进修学院　顾燕文

一

语文课堂是学生、教师、文本共同构建的教学过程。教师是学生和文本之间的桥梁，是教学活动的设计者和组织者，是决定教学效果、教学成败的要素。但一直以来我们对教师在教学中地位作用的认识往往失之偏颇。传统教学以知识为本位，以教师为主体，强调了教师的教，教师成为课堂的主宰，成为知识的代言人，课本解读的权威。于是在"传道受业解惑"的古训下，老师的作用被曲解成单纯的传播、教授、解答，老师被赋予神圣的光环，师道尊严，不容置疑，不可触犯，语文的课堂成了教师的一言堂，语文教学活动成了教师的独角戏。我们常把教师比作人类灵魂的工程师，辛勤的园丁，无不在强调教师的塑造功能；三尺讲台是教师的领地，学生是教师的士兵，学生被放逐到教学活动的最边缘。

课程改革强调了学生的主体地位，强调了学生的主动性，在"把课堂还给学生"的呼声中教师的功能又被矫枉过正地弱化，边缘化。于是语文课堂成了学生天马行空的论坛，在所谓尊重学生的个性和创造性、尊重学生的独特理解的宗旨下，语文教师成了课堂的旁观者、听众、好好先生。课堂热热闹闹，学生讨论激烈，各抒己见，气氛民主，但缺少了深

度,缺失了对文本的真正把握和理解,更缺少了对知识体系循序渐进的构建。教学活动成了放任自流的表演。

于漪老师的课堂却呈现出另一番景象。于老师的课堂活泼有序,收放有度,老师是学生的良师亦是益友,既是学生阅读活动的设计者,又是学生学习活动的参与者,既是一节课的总指挥,又是首席阅读者,她总能带领学生畅游博大的知识海洋,领略最美的风光,从容不迫,游刃有余。北京张定远先生曾就于漪老师的教学艺术做过这样的高度概括:寓教于情,声情并茂,教出趣味,活而有致。滕英超先生在其编著的《中学语文教坛风格流派录》一书中说:"于漪的教学不是一色的普通石子,而是斑斓的雨花石;不是单片的颜色浅淡的桃花和梨花,而是重瓣的五彩缤纷的月季和牡丹;不是玲珑小巧的盆景,而是巍峨壮观的大山。""她虽从传统教学中走来,但并不墨守成规,在她的教学中确实融入了不少新东西;……于漪的教学,可以称得上是多风格教学,她继承了传统教学中有生命的东西,也吸收改革中的新经验,特别是外国的有价值的东西。在教学实践上,她是多面手,有讲有练,善诱导,会指点;既注重教书,又注重育人;既强调感情教育,又不忽视思维训练。"(第82、83页,辽宁教育出版社,1994年6月版)于漪老师之所以能够创造这样活泼有序的课堂氛围,与她的教师意识、对教师作用准确而合理的定位是分不开的。

于漪老师重视教师对文本的解读,对学生的影响。她说"当崇高的使命感和对教材深刻理解紧密相碰,在学生心中弹奏的时刻,教学艺术的明灯就在课堂里高高升起。""教师对学生的作用,绝对不会是零。""只有当教师给学生带来思考,用思考来指挥学生,用思考来使学生折服和钦佩的时候,他才能成为年轻的心灵的征服者、教育者和指导者。"她强调"教师的教学用语要规范、生动、流畅、悦耳,能在学生心中弹奏。"这里无不是在强调教师在教学中的引领作用、示范作用、影响作用。

于漪老师注重教学方法的探索,重视教师对课堂的设计,对学生的引导。她说:"教语文,最重要的是引导学生学会学习语文"。她认为一堂课是一个整体,教师应该精心去设计、精心安排,要讲究课的开头、结尾及其发展过程的跌宕起伏。讲究课的各个环节,要精心设计,重视各环节间的紧密联系。在具体的教学中她通过"巧引、美读、情讲、趣溢"等方法,使学生在课堂上体验到情、感受到美、领略到趣、获得了理,培养学生旺盛的求知欲,拓展学生思维的空间,让学生在广阔的语文天地中练就一身过硬的本领,以达到"逐渐去扶翼,终酬放手愿"的目的。

于漪老师很重视教师的自身修养和个性教学。她认为,语文教学的生命力在于教师不断提高自己。要使自己的教学有生气,使学生深受其益,语文教师必须认真地抓自身的思想、文化业务建设,学而不厌,锲而不舍,坚持自我塑造。语文教师要有师爱的激荡;要有深厚的功底;要有时代的年轮。她说"教出自己个性的时候,才是学生收获最大的时候"。

于漪老师的教师意识还体现在她对学生个体的尊重,对学生主体性的尊重。她说过:"教学过程中有三个因素,最为重要的是学生,学生是学习的主人,教是为学服务的,教师的教是启发学生学,引导学生学。"于漪老师高度关注了人的发展,教书是手段,育人是核心,教的对象是人,教的最高目标是实现人的教化和发展。

正是教学中的这种教师意识,对教师地位合理的定位,对教师作用正确的理解,使于漪老师的课堂呈现出网络式交流,教师的"教"作用于全班的学生,学生不仅向教师反馈学习信息,而且与同学交流。更为重要的是,它突破了"教师中心"的局限,教师成为平等对话中的首席,既引导学生又从自身特定的思维受到启发,又能够在课堂中"随心所欲而不逾矩",真正做到张弛有度。

二

这是二十多年前于漪老师的一个课例:

师：今天我们学第20课《变色龙》，作者是契诃夫，俄国人，他从20岁开始进行创作，是著名的短篇小说大师。为什么称他是短篇小说大师呢？我请大家看两本书，(出示书)这是《契诃夫小说》，都是短篇的，上册和下册。这两册书里面选了37篇短篇小说，他一辈子创作了多少小说呢？700多篇，请你们计算一下，像这样的书有多少本？这里是37篇(出示两本书)。

生(部分)：35本左右。

师：700多篇。

生(部分)：20本。

师：20本左右，对不对？

生(部分)：20本以上。

师：20本以上，像这样的书20本以上。其中有许多是脍炙人口的名篇，比如今天我们学的《变色龙》，将来我们要学的《套中人》。

生：(议论)装在套子里的人。

师：对，装在套子里的人，或者翻译成《套中人》，还有《小公务员之死》、《凡卡》，都是脍炙人口的短篇小说。他创作的短篇小说是很有特色的，请同学们先看思考和练习四，(学生翻阅)思考和练习四的第一句话是这么说的："契诃夫的短篇小说，善于选取日常生活的平凡事件揭露社会本质"，这就告诉我们他创作的小说思想挖掘很深；选材呢，都选自于日常生活的平凡事件，著名文学家高尔基曾经说过：契诃夫的小说能够从平凡的日常事件写起，一直深入到生活的深处，好像是螺钻钻地一样，钻入地下(手势旋转用力向下)，这是他创作的很大特色。思考和练习四告诉我们，他能够揭露社会本质，作品有很深刻的主题思想。那么小说主要写什么？主题思想又是靠什么来表现的？

这是于漪老师执教《变色龙》的一段导入，这个设计的匠心之处在于，教师如同优秀的导游，带领学生领略一处胜景，一步一步向景色最佳处行进。"从 20 岁开始就进行创作"、"为什么称他是短篇小说大师呢？""700 多篇"、"像这样的书 20 本以上"，老师用巧妙的设问，具体的数字，形象的展示，和自己丰富的经验与学识，使学生对作者油然而生崇敬之感，为激发学生的阅读兴趣奠定基础。接下来又一步一步将学生引向契科夫小说的创作风格，以及阅读契科夫小说应关注的主要问题。使学生一步一步与作品接近。

看她的整个案例，将学生一步步引入作品之后，老师开始退到了幕后，由学生在舞台上尽情发挥。"课前我请同学们预习了一下，我估计同学们都看得懂的，但是可能有些问题自己通过思考还不能解答，那么请你们讲讲看，有哪些问题？"这一教学环节的设计，调动了学生的积极性，学生踊跃提问，思维开阔，你言我语，随心所欲，教师成了真正的听众和共同学习者。

之后，于漪老师并没有让课堂跟着学生走，而是及时引导，由学生的问题，引导到自己的预设环节：

师：噢，木柴厂四周很快就聚了一群人，仿佛一下子从地底下钻出来似的，为什么要写这么一句话？做个记号。还有别的问题吗？刚才×××（指生8）问了，这篇文章是写在过去，今日选在教材中有什么意义？写在过去，是写在什么时候啊？

生（部分）：19 世纪。

师：19 世纪。好，我们看注释 1，契诃夫，俄国著名文学家，他生活的年代是从 1860～1904 年，他写这篇文章的时候是 1884 年（板书：1884），请同学们算一算，他创作这篇文章的时候是多少岁？

生（部分）：24 岁。

师：对，只有 24 岁就写了那么出色的文章，广为流传。1884 年，当时是怎样一个情况呢？我们在学的过程中来逐步解决这个问题。刚才同学们提了很多很好的问题，说明预习是比较深入的，我们在学的过程当中

滋润心灵的文化

逐一加以解决。整篇文章就是奥楚蔑洛夫在表演,他这个表演集中在一个什么字上面呢?

生(多数):变。

师:变(板书:变),变来变去。现在请同学们注意,他究竟在我们眼前变了几变?要把变非常准确地找到,就要找他的明显的标志。这个明显标志我给同学们提供一个,他的变是围绕什么变的啊?

生(多数):狗。

师:对狗的称呼不断变化。好,现在请你们用很快的速度浏览一遍,看他开始称狗是什么?后来怎么又变了?他一共变了几变?请你们把他对狗的称呼划出来。(稍停)(学生举手)就一个同学知道啊?变了几变?

这样老师又如向导,将学生引到了课文最核心的内容,抓住"变"的特点,引导学生一步步深入理解,刚刚同学所提的问题,在分析的过程中迎刃而解。因为教师的有效预设,启迪了学生的思维,在教学上屡屡出现思维碰撞而产生的智慧火花。当教师将主人公围绕狗的主人而变来变去的波状图呈现在学生面前时,马上引起了同学更深入的思考,同学们纷纷提出自己独特的看法:

生14:我认为波峰不是处在一个水平面的,应该说他感情的波动是有起伏的,但在板书上对奥楚蔑洛夫感情的变化没有能表现出来,我认为这样不是最恰当。

师:不是最恰当,我基本上把它画成等距离了,是不是?×××认为是不恰当的。好,你来画,你用红笔改。

生14:(上台用红笔改线条,将上面的弯曲线逐步画高了些)。

师:不应该在一个水平面上的。(学生纷纷议论)下面还有不同意见,太高了(学生说生14画得太高),是这样么?同意吧?噢,好像还有不同意的,(学生举手)××你不同意吧?你再来改。

生15:(改曲线的下方,逐步拉长)。

生：(纷纷议论)改得好。

师：噢，×××说改得好，还有不同意见吗？(学生举手)噢，××。

生16：我认为这张表还没有完全表现出警官的变。

师：还没有完全表现出这警官的变，好，你说。

生16：这个警官不仅对狗的称呼改变，而且对狗的主人的称呼也改变了。开始他不知道狗的主人是谁，就说，这狗的主人是混蛋，课文里有这样一段："等到他，那个混蛋，受了罚，拿出钱来，他才会知道放出这种狗来，放出这种野畜生来，会有什么下场。"然后当别人告诉他是席加洛夫将军家的狗，他就说："席加洛夫将军。哦！……"一副惊恐的样子；再后面人家又说不是将军家的狗，他就说："居然有人养这种狗！这人的脑子上哪儿去啦！"就是说养这种狗的人，就是说——

我们不难看出，在这样的讨论中，老师成了学生的统一体，成了学生的合作者和共同的探讨者。

正是由于教师的巧心设计、耐心引导、用心倾听、真心鼓励，使得课堂生动活泼，异彩纷呈，充满着智慧的灵动和勃勃的生机。

三

看于漪老师的课堂，不禁引起我们对自己教学的反思：究竟怎样能使我们的课堂活泼有序？语文教师究竟在语文课堂教学中发挥怎样的作用，扮演怎样的角色？

在教师、学生、文本三维一体的教学结构中，教师是中心环节，是纽带和桥梁，并决定着教学的成败。因而我们必须加强语文教学中的教师意识。

首先，我们要重视教师对学生潜移默化的影响与熏陶。教师的学识与品行，教师对课文的朗读、喜爱、理解、感悟，还有漂亮的板书等，这些都在时刻影响着学生。"鸳鸯绣出与君看，且把金针度与人"，通过教师的言传身教，激趣引导，潜移默化，将使学生增强对语文的学习兴趣，从

而达到叶圣陶先生的"教是为了不教"的境界。

其次,我们要唤回语文课程中教师的主体意识。这种主体意识不是传统意义上我们所理解的课堂的主宰,知识的传声筒,而是在文本解读,教学设计中要发挥教师的主动性。对文本深入而个性化的解读;对教学内容的大胆设定与选择;对教学形式别出心裁的设计;对教学过程张弛有度的控制与把握;对学生的及时点拨与引导。只有这样才能创造出生动而有激情的课堂,才能更充分调动学生的主动性。

最后,我们要对教师的角色有合理的定位。课程改革不仅是课程结构的改变,更是教师角色的改变。教师既不是权威,不是知识的代言人,不是课堂的主宰者,也不是课堂的旁观者。教师对学生既不能全盘包办,越俎代庖,又不能不加约束,任其发展。教师应该是学生的引导者,是学生学习的伙伴,同时也是学生学习活动的设计者,指挥者。教师应该像一个优秀的导游,引领学生欣赏最美的风景;应该是一个卓越的导演,为学生导出一幕幕精彩的剧目。

语文教学是极富个性和创造力的活动,只有提高教师意识,才能使语文课堂活色生香,激情四溢,紧张有序,深入浅出;才能使学生在文学的长廊中恣情徜徉。因而在以学生为本的课程结构中,让教师重新走回到教师应有的位置。

语文教材应发挥多重功能

松江区教师进修学院 陈 赣

对于如何使用教材,发挥教材的功能和作用,我们似乎变得越来越无所适从。过去我们曾把教材奉为"宝典",今天我们批评教材,甚至无视教材;有人说教材应该有确定的教学内容,语文教师就是"教教材",反对者说,应该"用教材教",通过教材让学生掌握选文所包含的事实、概念、原理、技能、策略和态度;有人相信叶老所说,教材无非是个例子,有人认为不能把语文教材仅仅作为获取知识的例子,而是学生自主探究的路标和催化剂……

面对教材功能的复杂议论,于漪老师没有直接进行评论,但她始终坚持自己的理解,认为"语文教材应是培养学生语文素质的沃土",要发挥语文教材的多重功能。这一认识避开了二元对立的争论锋芒,显示了一位语文教育大家的从容、淡定和智慧。对于今天站在课程改革背景下理解教材功能具有一定的指导意义。

一

于老师提出语文教材应是培养学生语文素质的沃土,这实在是一个精彩的比喻。植物生长需要从土地汲取水分和养料,学生语文素质的培养也离不开语文教材。好的语文教材蕴含知识、思想、情感、审美等丰富

滋润心灵的文化

的养料,学生学好语文教材,自然可以获得语文素养的提升。如果语文教材没有丰富的养料,一片贫瘠,学生也难以获得知识和精神的滋养。所以要发挥语文教材功能首先要让语文教材成为沃土,然后要让学生植根于语文教材,从培养学生的语文素质出发,发挥语文教材的多重功能,让学生汲取丰富的精神养料。

关于语文教材的功能,于漪老师在读书时就有十分丰富的体验:老师讲读《陈情表》中祖孙相依为命的情感,让于老师感受到孝道足以感动天地;老师讲解《故乡》,月下瓜田的美景让于老师沉醉其中;老师教《苏武传》,师生一起唱《苏武牧羊》,激发了于老师强烈的爱国主义情感……这些丰富的情感积淀,为于老师认识教材功能打下了底色。

刚参加工作,于老师为了寻找语文教学的"门",她首先就从记忆中的语文老师身上搜寻。然后从三个方面确立教材功能的定位。一是反复推敲语文学科的目的任务,站在教学大纲的高度认识语文教材的功能,确定语文学科"教书育人"的目标,语文教材的功能要服务于这一大目标;二是要充分发挥教材作用,达到"教材要如出自己之口、如出自己之心。"只有这样,教材内容才能转化为教师的教学内容;教材的原初价值才能转化为教学的核心价值;三是于老师认为"教学,当然是以教材为依据来教学生。"然而,要目中有学生,要和学生的心弦对准音调。也只有这样,教材内容才能真正转化为学生学习的课程内容。

于老师说,过去认为教材即课程,课程即教材,"现在我们课程的理念是多元的,教材是课程,教师是课程,学生是课程,环境因素是课程。由此我们看到课程的发展、课程标准的发展,确实从单一走向多种因素的综合。"(《在上海市中青年语文教师论坛上的讲话》)所以对于语文教材功能的认识,于老师一直站在课程层面上,根据"教书育人"的大目标,强调要综合各种因素,发挥语文教材的多重功能,从而实现课程标准提出的立体的三个维度目标。

二

关于发挥语文教材的多重功能,于漪老师在很多文章和报告中加以阐述。

首先语文教材具有实用功能。有人怀疑于老师强调语文的育人价值,是不是在否定语文的实用功能。实际上,这两者是并行不悖的。语言是人们最重要的交际工具,"语文课当然要引导学生学习祖国的语言文字,如何正确理解,如何规范地使用,这是实用功能。"教材要发挥实用功能,往往是通过训练来实现。于老师说:"训练学生的主要依据是教材,洞悉各类课文的个性,充分发挥它们的例子作用,可有效地训练学生读写听说能力。"(《对中学语文教学现状及实施素质教育的认识》)但是站在课程和教材的层面思考,于老师又强调训练要有明确的阶梯,好比从出发点到目的地有一段路程,在这段路程中要步履清楚,拾级而上;要有合理的布局,安排好恰当的"序",引导学生步步登攀。

于老师同时强调:"较长时间以来,语文教育的实用功能受到重视,并采用多种方法加以落实,而对它的发展功能、教育功能、审美功能等,既缺乏足够的认识,更谈不上认真落实。从这次课程改革的前期工作调查研究来看,课程目标在学生身上的体现是:有较好的基础知识和基本技能,而社会责任感和道德水平、价值判断与能力和批判性思考较差。这不能不说是学科教育的缺陷,语文作为育人功能独特的学科当然不能推卸责任。"(《语文课程标准与语文教师》)

因此要发挥语文教材的多重功能,不仅要重视实用功能,更要重视语文教材的教育功能、审美功能、发展功能、积累功能等。

其次是教育功能。于老师认为语文的教育功能,主要体现是"立人",是培养具有"中国心"的人。因此,"语文教材要培养学生具有良好的语文素质,除了语文基础知识、语文能力训练编排得科学、合理外,须大大加强民族文化的分量。"语文教材实际上是传承中华文化的主要载体,"语文教材,尤其是高中语文教材,应有浓厚的文化气息。传统民族文化的精华,当代民族文化的精粹,皆应有所容纳。没有民族文化的根底,语言文字只在浅层次上漂浮,语文水平难以真正提高。"(《培养语文素质的沃土》)

再次是审美功能,于漪老师说:"运用教材中所表现的思想美、形象美、性格美、节奏美和语言美等等给学生以感染,对学生道德情操和智力发展均有很大帮助。""以美陶冶,须紧紧扣住教材的个性,抓准内容、语言和写作上的特色,在具体、细微、深入上下工夫"(《育人之妙,存乎一心》)如教《雨中登泰山》,于老师指导学生阅读分析,重点推敲描写雨中山岚烟云、层峦叠嶂、飞泉瀑布的段落,让学生遨游于祖国壮丽河山之中,获得自然美和人文美的熏陶,从而将审美功能和教育功能很好地结合起来。

还有发展功能。什么是语文教材的发展功能?于老师认为,语文教材关键是发展学生,要为学生的发展做准备,而发展的关键是思维品质。"教师在对学生进行语言训练的同时,必须大力发展学生的思维能力。""语言和思维、情感同时发生,语言的发展能很好地促进人的观察力、记忆力、想象力、思维力、创造力的发展。教学生学语言,就要注意促进学生智力的发展,尤其是思想力的发展。"

另外还有积累功能,通过学习古典诗文来积淀传统文化;通过经典文本诵读来积累语感;通过扩大阅读视野来积累自然知识和社会知识等。

对于于老师来说,语文不是封闭的、静止的、超验的彼岸世界,而是开放的、发展的、经验的、与人的存在在本质上相关联的无限敞开的澄明世界。因此,语文教材的功能价值也就超越了工具主义的有限视野,"站在精神生成与表现、文化存在与创造、历史对话与再生的高度,激扬语文教育的本体价值,确立语文教育的目标体系,释放语文教育的多维

功能。"(潘庆玉《语文教育哲学导论》第101)

三

于老师在教学实践中一直坚持发挥语文教材的多重功能,在许多精彩课例中我们都能够感受到。下面我们试图通过于老师的一组"读写双效提升"的文章,进一步认识于老师对教材功能的理解和实践。这组文章由三部分组成:

(一)选文

具体包括:《一道测试题》(刘燕敏)、《父亲的斧头》(靳万龙)、《生命的表情》、《肖邦的小屋》(雅·伊瓦什凯维奇)、《海边荒石》(高立群)、《夏天的水芙蓉》(周宝元)、《对理想的思索》(周国平)、《阳光,是一种语言》(雷抒雁)。

(二)分析指导

对每篇文章从思想、情感、艺术手法、语言等方面加以评析,如《夏天的水芙蓉》从"别开生面的比喻"、"感悟一步步深化"、"美的奏鸣曲"三个方面加以评析。

(三)读读、做做、写写。如《对理想的思索》:

1.阅读全文,分别用一句话简要概括每个部分论述的内容。

2.为什么说人生理想的树立可"在任何社会条件下"?你同不同意这种看法?理由是什么?

3.文中有些词句分量很重,请你找出一两个句子进行分析,说明这样的遣词造句对表达思想的作用。

4.你在阅读中有无"与古今哲人文豪倾心交谈"的经验?交谈的内容有无涉及社会理想和人生理想?如果有,请写一点感受;如果没有,应在这方面努力。

这是于老师应《语文报·中考版》请求编写的学生自学读物,但我们可以把它看成提升学生读写能力的生本教材。因为这与一般的阅读训

滋润心灵的文化

练题有明显的区别,她对于阅读的训练绝不是枝枝节节,甚至碎尸万段,不是一味地迎合中考,仅仅看重文章的训练功能,而是充分发挥教材的多重功能。

首先我们看到所有的选文都有一定的文化含量和思想含量。《一道测试题》让学生思考弗洛伊德一百年前提出的三个问题:你打算给你儿子留下一句什么样的忠告?在最后一天,你最想做的一件事情是什么?你想带一件什么东西离去?这些问题很容易激发学生对人生问题的思考,发挥教材的教育功能。其次在选文之后,于老师对文章进行精彩的评析。这些评析很好地把握了文本的核心价值,又根据初中生特点向学生娓娓道来,将教材的功能充分发挥,如《父亲的斧头》一文评析:"一连串的细节,从头到脚,构成了一幅别具风情的画";"水烟锅里冒出的烟,父亲口中喷出的烟,无需描写,你也会有烟雾缭绕之感",一句句评论很容易将学生带入作品美妙的意境之中。三是"读读、做做、写写"有别于我们当前的练习。《对理想的思索》的4个题目,给学生留下了丰富的思考空间,既有对知识和能力的训练,又有引发学生的思维发展,引导学生的思想提升。如第3题找出分量重的词语,分析其对表达思想的作用,使教材的言语功能和教育功能得到有机整合。

相信在这一教学内容指导下的学生,与我们一般通过大量测试题训练的学生,在精神成长和审美修养上一定有雅俗和高下之分。

为了坚持语文教材的育人功能,弘扬民族精神,传承中华优秀传统文化,一些省市将《三字经》作为语文补充教材,从而引起热议。于老师曾在《学生"读经"浅见》中对于这一问题发表过看法。中小学生读点经典,是培养民族文化认同感,为做一名堂堂正正的中国人打底,增强骨肉同胞的亲情和凝聚力,应该提倡。但是经典有经天纬地的大智慧,同时也有时代的局限,育当代儿童,须慎加选择,学生背诵哪些?背诵多少?一定要把握个"度",否则学生实在是"不能承受之重"。所以发挥语文教材的育人功能一定要根据学生的实际情况。

四

在当前语文教材编写多样化、语文教材校本化以及语文教学内容确定存在诸多误区的情况下,深入认识语文教材的"多重功能论"显得尤其必要。

当前不少语文教材以主题为单元编写,强化了语文教材的文化功能和育人功能,教材编写取得的这点成绩来之不易,应该得到珍惜。于老师说:"我从20世纪80年代初始一直审大纲,审教材,长期以来都是以知识为本,以知识体系为本,因此转化到以学生的发展为本,这是极大的进步,这是回归到教育的本质。教育的本质就是培养人,不是培养'书橱'。"(《建造母语教学的辉煌殿堂》)在看到美国的语文课本之后,这种感情和意识更加强烈:"《美国语文》反映出来的培养目标是那么清晰,那么突出,那么具体到位,民族精神的标榜,傲视世界的气势,令人触目惊心。"(《历史经验与现代生活的融合》)于老师在审定语文教材时一直坚持选文的文质兼美,强调通过精当、美妙、生动的语言跨越时空传递给学生深邃的思想,精辟的见解,非凡的智慧,高尚的情操。知识、能力与思想、情感是糅合在一起的。

在语文教材以选文为主的情况下,育人功能通过主题单元在教材中得到较好的实现。但是在以主题单元编写教材过程中,可能产生了语文教材实用功能的弱化现象,当前我们还不能将板子打在教育功能的发挥上,认为是教育功能影响了实用功能的发挥。事实上,如果我们坚持语文教材的多重功能,就会将语文教材的各种功能得到兼顾,而不是顾此失彼。于漪老师在审定上海版初中语文教材时,就建议将语文知识以方框的形式填补在语文教材的空白处,让学生可以随时翻阅。在审阅语文教材的辅助练习时,于老师提出练习不应该都是让学生"学答",还要留下一些空白,加上一些设计,让学生"学问",让学生的问题写在练习册上,让学生的问题思考和问答的过程体现在练习册上,从而真正发挥教材的发展功能。可见,语文教材的多重功能不是相互对立,不是非此即彼,也不是等量齐观,而是并行不悖,相互照应,相辅相成。语文教材的编写应该尽力协调功能之间的关系,如果我们坚持语文教育的多重功能论,对于语文教材的编写就不会迷失方向,从一个极端走向另一个极端。

认识和理解这一点,我们也不会再说语文教学不堪重负,不会在使用教材时"有意或无意地把它们剥离,取知识、技能而使精神养料流失"。温儒敏在最近语文国培班的讲话中说:"大家可以注意一下这次课标修订是如何强化新的阅读教学理念的。课标认为阅读除了获取信息、认识世界,还有一个重要功能,就是发展思维、获得审美体验;认为阅读是学生的个性化行为,要珍视学生独特的感受、体验和理解。"

认识到语文教材的多重功能,我们就可以正确地使用教材,不仅教教材更用教材教;不仅把教材当做例子和凭借,同时又要把教材当成"锁钥"和"引子";不仅在"定篇"中实现审美教育功能,而且在"样本"、"例文"中实现发展功能等。明确教材的多重功能,有助于我们处理教学中的生成事件。如学生说鲁提辖拳打镇关西要"往死里打,打死他!";《智子疑邻》中邻居是傻瓜,多管闲事;《祝福》中祥林嫂"絮絮叨叨,没趣,疯了。"……面对这些对教材文本的质疑,教师如果仅仅从实用功能进行备课,往往对这些问题会感到措手不及,但从多重功能出发,特别要实现教材的教育功能和审美功能,教师就不能置之不理,而是从因势利导中实现教材的多重功能。

如果我们坚持语文教育的多重功能论,语文教学就可以根据学科、教材和学生等不同情况发挥不同功能,和谐鸣奏,形成优美的旋律,让学生陶然其中,从而真正提高学生的语文素质。

一切从学生需求出发

上海市第十中学　任其斌

大家都有这样一个共识：于漪老师是个好语文老师。判断的依据是显而易见的：等身的教育教学论著，声情并茂的课堂实录，还有教育界同行的口碑。一次偶然的交流，却让我审慎思考：于老师到底"好"在哪里？

去年末，我随一个教育考察团到深圳、香港访学交流，跟团的上海导游是一位年近五十的女士。途中聊起教师，她很是羡慕，情不自禁地向我忆起于漪老师上课的情景。我很是好奇，就问于老师上课到底好在哪里。她很是犹豫，说具体也说不上来，就是感觉她很好，我们都很喜欢上她的课，好像上到了心里，一节课一下子就下课了，好像时间过得特别快；那时候，就是于老师的课外讲座大家也抢着去听，那种对语文的热情哟，好像着了迷一样，现在想想都有点不可思议。听着她悠悠的慨叹，眼前不由又浮现出一次活动中，现场一位年轻语文老师要求于老师抱一抱的一幕。只因为她妈妈上过于老师一节语文课！就因为这一节语文课，她的妈妈后来鼓励女儿考杨浦高中，考大学，做语文老师。我能理解这种感受，就如老舍之于北平，"是要说而说不出的"。"于老师的语文课才是真正的语文课，精彩啊！"这是学生对于老师的评价，这是作为身受

者的学生当时和现在的共同评价,这也是对课堂和教师最有价值也是最高的评价。

于是,我们不得不思考:学生喜欢的背后是什么?

一

我们无法回放历史,再亲身体验于老师课堂上那如沐春风般的感觉,但我们可以追寻历史的印迹,还原历史的真相,享受于老师给我们带来的精神盛宴。

能让学生喜欢的老师,那老师定是双倍喜欢学生的,这是常理。于老师喜欢学生那是出了名的,不过,把学生置于教学的核心地位的认识却是经历了一个相当长的过程的。早期的"半路出家",不知道语文的大门在哪里,让她"无暇顾及"学生;后来孜孜矻矻地"恶补"语文专业知识,才让她走进语文的大门;再后来钻研教材教法欣然忘食,得以登上语文的"大堂";再后来教书教得着了魔,方悟得:"要提高课堂教学质量,绝不能'闭塞眼睛捉麻雀',要胸中有书,目中有人。"因而,她鲜明地提出"教文育人"的观点(《于漪语文教育论集》第148页)。至此,于老师终于得入语文之室了,或者说抓住了教育教学的本质了。由喜爱语文到研究学生再到"教文育人",于老师一走就是60年。这60年于老师从成功走向成功,不断创造人生的辉煌,原因何在?用于老师自己的话说就是:心中有学生,一切从学生需求出发。

于老师"一切从学生需求出发"的认识,植根于她的"教文育人"的思想。"教育,说到底就是培养人,促进学生德、智、体、美全面发展,形成健全的人格,将来成为报效祖国的合格公民、优秀公民。"(《于漪新世纪教育论丛·超越》)。基于此,"语文教学的目标就是培养人,语文学科就是要树立'育人'大目标,既教文又育人,要全面培养学生。""教'文'要纳入'育人'这个大目标,为'育人'的大目标服务,或者说,'教文'是手段,是过程,'育人'才是语文教学的根本目的。"(《于漪与教育教学求

索》)

在具体的教学过程中如何处理"教"与"学"的关系呢?于老师是这样认识的:首先,学生是学习的主人,是能思善想的具有主观能动作用的人,而不是"容器";其次,教师是教学活动的主导,学生的"学"必须有教师的"导"才能有效;第三,两者的关系是相互促进的,"在教育和教学过程中,教师和学生都应该发挥主观能动性,应该各得其所,相互促进,而不是突出强调一个,削弱或否定另一个。"在这种思想认识的指导下,于老师认为,"教"不是统治"学",代替"学",而是启发学生"学",引导学生"学",教学应该把立足点从"教"出发转换到从"学"出发。(《于漪与教育教学求索》)"一切从学生需求出发"就此成为于漪老师教育教学的立足点和着力点。

47年过去,我们蓦然回首,于漪老师始终站在时代的制高点上眺望。

二

"一切从学生需求出发",就必然要了解学生的需求,"教"因"学"而设计,"教"为"学"服务。"语文老师要花相当力气了解学生,研究学生,洞悉他们的内心世界,把握他们在成长过程中的发展与变化,把自己的教学工作建立在科学的基础之上,按照规律办事。"这种了解工作是艰巨的,更是精细的,需要无私的付出。"要'对准音调',首先要发现每个学生心中那根'独特的琴弦'。有些学生性格开放,容易发现他们内心的活动,更多的是心里的某一角藏着奥秘,教师没有精细的目光很难找到那根琴弦。教师不能只站在学生世界的外面观察,要站到学生世界之中眼看耳听,搭准他们的脉搏。要有眼力,巨细不漏,越是细微之处,越不让它从眼皮底下溜走。"(《了解,研究,走进学生世界》)

搭准了脉搏之后,需要花更大的心力因材施教,"对症下药"。瞧瞧于老师的"配方"吧:学生学习紧张而脑子发痛,陷入苦恼中,于老师告知

要"学会科学用脑";学生由于"粗心"导致成绩直线下降,于老师指导他第一关是读懂题目、第二是认真对待、第三是全神贯注、第四是自我检查;学生有上课听不懂又不敢问,怕别人说笨的心理,于老师鼓励其"要善于发现问题、提出问题,除了敢字当头,消除种种不必要的顾虑外,十分重要的是多实践";学生亟盼提高每节课的学习效率,于老师劝之以"要珍惜每个45分钟","首先明确自己是学习的主人","其次是不打无准备的仗","关键在自己要积极开动脑筋";学生寻求考前复习好方法,于老师为之总结"要善于抓点拎线";学生提出怎样进行课外阅读,于老师辅之以"精读、深思、积累、运用,不断吮吸养料"……仅《于漪和中学生交朋友》一书中就记录了数十种于老师指导学生的学习方法。在与学生交朋友似的教学中,于老师教之以法,启之以理,鼓之以情;学生如沐春风,悄然释怀,或如醍醐灌顶,豁然开朗。

对学生的需求,于老师竭尽所能满足。在备课中,于老师的学法意识明晰可见。《在烈日和暴雨下》教案设计中教师先授之以法,然后"放手让学生独立分析,学生兴趣甚浓。由于第一部分做了样子,独立分析时困难不大,未走弯路。"这是于老师以教法示范学法,教学生学样。由于"教"的样子得法、科学,学生可接受、可操作,所以,学生就"学"得有模有样,继而能举一反三,"里子"也容易具有。

在教学中,于老师更是有意识指导学法。教授《藤野先生》时,学生们围绕"日暮里"是否有深意展开了争论。于老师放手让学生充分讨论,然后抓住这个有争议的问题,就势对做学问的方法进行了指导。她向学生们指出:"考证事物应注意本证,不能牵强附会。鲁迅先生说'不知怎的'是最可靠的证明。推论要有根据,不能建筑在臆断的基础上。"这是因势导学,纵深开掘。于老师抓住矛盾促使学生思考,把学生的思维引向纵深,既是对所讨论问题的正确导引,走进文本深处,又是对做学问方法的指导,把学习引入更高境界。

在学完《白杨礼赞》后,有位同学说:"作者把白杨写得这么美,实际上并不美。我是人微言轻,可是大作家屠格涅夫就是这样说的。"她把《猎人笔记》翻给大家看,说"书中写得很清楚,白杨树叶硬如金属,枝条不美观,只有夕阳西下时才给人以光感"。于老师肯定了这个学生敢于发表不同的意见,同时也指出应加强对象征手法的理解,要认识到在文学家笔下"物"常随"情"移的道理。这是活化教学,既鼓励学生的积极思考,保护学生的自尊心,又进行学法指导,指明物随情移的创作规律,将"死"知识与"活"能力有机结合起来,收到融会贯通之效。

更为突出的是鼓励求异,培养学生的创造性,用"面上开花"的方式,促使每个学生都参与学习,都相互学习,都比着学习,充分利用了学生这个丰富的课程资源,进行着大运动量的思维训练。最有名的例子诸如难住于老师的"女人何时包小脚"和学生改奥楚蔑洛夫变化图,虽说是让于老师当时"难堪",却正说明于老师平时指导学生学法卓有成效,从而使这些教学片断成为永恒的经典。

三

所谓学法,有双重含义:从学生的角度看,是指学生学习的方法;从教师的角度看,是指教师指导的方法。这是一体两面,缺一不可。

学生的学习过程,就是在教师的精心指导之下,把教师所提供的信息能动地吸收、加工、贮存,进而转化为自己的知识与能力的过程。因此,从"教"的角度说,教师在学生学习过程中应该充分发挥主导作用,帮助学生明确方向,激活动机,引发兴趣,指导吸收教材中的相关信息,及时调整信息量,并评判和控制学习行为,促进学生学习的发展。这是教师的应尽之责。从"学"的角度说,学生要充分发挥学习的主体作用,一方面需要自觉地接受教师的指导,随着施教过程能动地接受教师的引导与调控,并及时向教师作出反馈;另一方面,更应该积极参与课堂教学活动,主动进行听说读写的语文训练,同时,在接受过程中质疑问

难,从而进行创造性的学习或超前学习,实现自能学习。不可否认,其中"教"是外因,"学"是内因。

记忆中,于老师的课堂总是活水流淌,生机盎然。深究其因,就是学生作为学习主体的能动性得到了发挥,作为课堂主人"我要学"的内驱力得到了激发。这一切,都源于于老师的从"学"出发的教学理念。从"学"出发,自然就要考虑学生的生理、心理特点,自然就会考虑学生的可接受程度,自然就会考虑运用适当的方式方法。总之,一切为学生所想,学生就会如你所想。所以,于老师才说"我做了一辈子教师,一辈子学做教师",因为学生是活生生的人,是在不断变化发展着的个体,需要教师不断去了解,去研究,去适应,去引领。教师以发展的眼光看学生,以动态的眼光看教学,那他的课堂必定是灵动的、充满生机和活力的。

考察于老师的课堂,我们可以发现一些共性的特点:学生的学习处于一种精神的自由与愉悦状态,有浓厚的学习兴趣;学习过程中总有一些思维的挑战,大家都能自由参与探讨,甚至质疑;学生总能得到老师的鼓励和信任,从而唤起更高的自我期许;课堂往往能够各有所得,并学以致用;还有就是学生对教师充满信任和热爱,课堂学习氛围和谐融洽。这表明,于老师已经超越一般意义上所讲的学法指导,已由"知学"、"好学"达到"乐学"之至境。

这给我们提高课堂教学效益以启示。一方面,教师的教学要采用适当的策略,增进教学的效果,如帮助学生确立能够达成的目标;教学方式服务于学生的学习方式;密切联系学生的生活世界;激励学生完成富有挑战性的任务;及时反馈并建立沟通的桥梁;鼓励学生多向思考;帮助学生发现知识的个人意义等。另一方面,更为重要的是,要研究学生,了解学生语文知识与语文能力的基础,学习态度与习惯,以及年龄特征、智力水平与非智力因素的状态,既要作静态分析,又要作动态研究,以期全面、准确地把握学生的整体面貌与特点,从而真正了解学生的需求,把"教"定位在正确的基点上,使教与学实现无痕对接,化教为学。

令人遗憾的是,目前语文课堂教学依然受困于"少慢差费"。人们也渐渐认识到,如果教师只是专注于教法,执著于一厢情愿地唱"独角戏",而不去研究学生,研究学法,加强学法的指导,那语文教学的困境就无法从根本上摆脱。

于漪老师说得很彻底:学生的需求,就是最大的学法!从于老师的实践中,我更领悟了:热爱学生,才是最好的学法!

让课堂成为生命激荡的现场

上海市敬业中学　兰保民

运用语言文字的魅力,营造生命涌动的课堂,唤醒学生的生命意识,引领他们体悟生命的珍贵,探求生命的真谛。生命在解读文本中飞扬,语文教学美景如画。

——于漪《让生命飞扬》(卷首寄语,上教社,2008年版)

生命:文化视野中的多元主体

于漪老师曾经多次动情地说:"让课堂充满生命活力,一直是我从事语文教学孜孜矻矻追求的目标。课堂教学不是简单的知识传授、机械训练,而是师生互动、思想碰撞、心灵交流、师生共同成长的生命历程。"(《超越·让课堂充满生命活力》第102页)"课堂里出现生命的涌动,……简直就是充满诗意的求知交响曲。这种语文教学境界令人神往,也是教师梦寐以求的。"(《超越·关键在有所发现、善于发现》第114页)在于漪老师看来,生命涌动的课堂,是语文教学至高的境界。那么,在这里,生命的具体内涵是什么呢?

从于漪老师的诸多论述中,我们不难发现,就价值属性而言,她所说的生命具有鲜明的文化特征,也就是说,这里的生命,绝对不是一般意义上的自然生命体,而是在教化熏陶之下不断情感化和灵魂化的生命,是含咀着汉语言文字的养料和经典文本的精华而不断发育、日益提升的精神生命和文化生命,亦即李泽厚所说的高级人化的生命。也正是从这个意义上,于漪老师将学历、分数与文化进行了严格的区分。她曾经在多个场合和多篇文章中对"高学历的野蛮人"现象表露出忧虑之情,并一再警诫人们关注"要分不要人"、"求学不读书"的教育畸变,她对语文课堂教学中的"满堂问"、"满堂灌"、"机械操练"等的批评和"一课一练"的抨击,其逻辑起点也正是她的这一教育生命观。因为在她看来,上述教学方式,是以功利追求作为价值导向的,所谓的"学历"和"分数",无非是人们为了获取某种利益而握持的敲门砖,是粉饰生命、炫惑人心的铅华;是以敷附铅华为要务的"机械操练"和"零敲碎打",对于提升生命、滋润灵魂不仅没有任何作用,反而使其不堪重负。

正如黄荣华老师的文章所指出的,从"培养劳动者",到"培养一代新人",再到"培育生命,发展生命",于漪语文教育思想中关于课程目标的定位,勾勒出一条清晰的嬗变轨迹,这当然有时代、社会和意识形态、话语演变发展等外部因素的影响,然而更深层的动因则是于漪作为一个教育家的生命觉悟和内在脉动。

我想着重强调的是,在于漪语文教育思想版图中,生命不仅仅是一个目的论概念,而且同时既是一个主体论概念,又是一个方法论概念。

就目的论而言,在语文教学中,作为受教育者的学生,是一个个鲜活的生命个体,语文教学的一切工作,不管是课堂教学还是课外拓展,不管是文本阅读还是写作指导,目的都是为了发展他们的生命,增加他们生命的文化厚度,为其终生发展积蓄充足的文化底气,这与"一切为了学生发展"的课程理念完全一致。从这个意义上来说,"生命"确实是一个目的论话语。不过,这还只是这一目的论话语诸多内涵中的一个方面。在于漪老师看来,一幅真正让人心醉的教育图画,不是教师站在原地岿然不动,只是深情凝望着学生渐行渐远的背影,眼角眉梢荡漾着欣慰的笑意,而是教师与学生携起手来,互相温暖,一起前行。她说:教师应该"追求生命内在的丰厚、完美,追求诗意的精神家园,让生命的清泉汩汩流淌。"(《凝望·钟情 倾心 精神家园》)她说:"课堂,不是教师一个人的生命活动,而是以教师的生命激发孩子的生命活力,让孩子一起动起来。春风化雨,生机盎然。"(《坚守·培养一颗中国心》第143页)从这些话语中我们不难发现,在于漪老师看来,语文教学中的生命发展,教师也是一个很重要的方面。从这一视角出发,我们再来品读于漪老师的那句经典名言"我做了一辈子教师,一辈子学做教师"就会发现,这确实不是自谦之辞。因为在于漪老师看来,教师也是与学生共同发展着的生命体,教师生命发展本身也是语文教育教学的重要目的之一。

就主体论而言,在于漪老师看来,语文教学,尤其是语文课堂教学,是学生生命、教师生命和文本生命多元主体共同作用、相互激荡的现场。她说:"课要上得生命涌动。……师生生命涌动,对文本深入探讨,心灵之间的沟通就畅通无阻。"(《呐喊·教师的使命》)这一论述,清晰地表述了于漪老师语文课堂教学的主体观。关于学生主体和教师主体的"双主体说",很多人都持此论,于漪老师令我们耳目一新的是"文本主体"的观点。在她看来,"(教师要)把语言文字的魅力教出来,表现人的思想情感,表现人的生命力,因为语言就是生命。"(《坚守·走进新课标》第111页,2008年)因为任何经典作品都是"用作者的生命、血和泪写成的,那么这些作品是有召唤力和吸引力的。"(《语文教师的文本解读》,2009年3月26日在上海市中青年语文教师论坛上的发言)

那么,文本的主体性体现在哪里呢?从于漪老师的相关论述中,我们可以梳理出这样三个层面:一是文本语词及其内在联系,任何语词只有在一定关系中才获得具体意义,这也就是于老师所说的文本语言的"自我相关性"(出处同上);二是文本与它的创作时代和创作者的内在联系,文本的原初意义是在它创作出来的那一刹那而被赋予的,这是我们理解一篇文章的基础;三是文本与其他同类文本的联系以及"后来人对他的无穷尽的解读",正是在这样的联系和解读中,这一文本才获得了其独特的意义。这三点也就是于老师所说的"文化视野中的文本解读"。这三个层面的联系决定了一个文本的主体性,要求我们对它作出合情合理的阐释,而不是纯粹地"六经注我"式的阅读乃是颠覆性的阅读。

通过上面分析,我们可以发现,于漪老师对生命在课程教学论意义上的观照和思考,呈现出多维化的特征,它既具有主体性特征,是教学的主体和核心,又具有目的性特征,是教学的出发点和最终归宿。换句话说,正因其鲜明的主体性特征,所以它成为教学的目的;又因为它是教学的目的,所以必须正视其主体性。这看似陷入了一个逻辑循环的怪圈,却正表明了她对"生命"这一教育核心内容的深刻理解,因为不管是学生、教师还是文本,都是活泼泼的有情感、有意志、有温度的生命体,而不是僵死的、冷冰冰的、由人任意摆布的客观存在。对生命在课程论意义上的这种多元逻辑定位,正表明了于漪老师对教育本质的深刻洞察和对教育规律的准确理解。也正是语文教育的根本目的是发展学生的文化生命,决定了实现这一目的的基本途径主要不是通过"外塑",而必须通过"内建"。因此,生命与生命之间的感染、激励、召唤和引领,以及生命通过语言而达成的内感和外化,就成为语文教学的方法论。这也就是接下来我们要重点探讨的内容。

激荡:多边对话中的生命互哺

于漪老师曾经说过这样一句话:"紧扣文本,指导学生和作品对话,和作家对话,这是非常重要的,这实际上就是要求语文课要教出语文课的个性。"(《诺曼底号遇难记》评课)在她看来,生命与生命之间的对话,恰恰就是语文课之所以称其为语文课的标志,是语文课的个性之所系。语文课,就是师生之间、生生之间和生本之间以物态化的文本作为媒介,以语言的学习品读和思维训练作为主要内容而展开的生命的沟通与

交流,课堂,就是教师、学生和文本在多边对话中实现生命互哺的现场。

课堂教学中教师何为?从于漪老师的相关论述中,我们认识到,就与文本的关系而言,教师不应该是凌驾于文本之上的分析师,任由自己的教学理性和学术观点的利刃在文本世界里纵横挥舞,从而把生气灌注的文本生命切割得七零八碎,教师也不应该是匍匐于文本脚下的书记员,把文本内容当作教学内容,分门别类地编排成语文知识的菜单,呈现在学生面前。教师应该做文本的知音,准确地抓住一篇文章的独特个性和精神命脉,在与学生语文素养发展的契合点上生成恰当的教学内容。就与学生的关系而言,教师应该是学生与文本对话过程中的主持人,既是整个对话过程的参与者,同时又是整个对话过程的规划者和推动者。因为他知道文本的独特个性是什么,核心价值何在,所以他应该能够在学生的"饥饿点"上选择切入文本的角度;因为他了解学生发展需要和文本价值的契合点,因此在学生与文本对话不能走向深入时他应该能够适时将对话推向深入。

从这种生命对话的高度认识语文教学,不仅仅教师在课堂中的定位,而且他所采用的各种教学方法,都不再只是具有策略意义和工具价值,而是富有更为本质化的内涵。在教学实践中,教师总会采用各种各样的教学方法,比如朗读、圈画、词语替换、写法比较、小组讨论等,以达到特定的教学目标。这些教学方法,在一般教师的理解中,就是为了知识的落实。在于漪老师看来,语文课堂教学,落实知识固然是需要的,也是必要的,她说:"要解读好文本,确实需要知识积累。知识积累会形成文化积淀,知识本身就是文化的一部分。"但是,作为教学方法,如果仅仅停留在这一层面上,却远远不够。在她看来,教学方法不应只是附庸于知识教学,而应该具有促进学生与他人、与文本的对话向广度拓展、向纵深掘进的作用。教师运用教学方法的目的就是引导学生与教师、与文本进行生命之间的对话,而不仅仅是为了更有效地传授某处知识,或者强调某个教学重点,化解某个教学重点难点。比如比较法的运用,她说:"比较,不是一个一般方法的运用,而是使得孩子深入地阅读课文,而且这种深入的阅读,又不是在原有的基础上,而是有新的发现。有些老师运用比较是为了某一个知识,其实并不是这样,它有很广泛的内涵,同样是比较的方法,可以从不同的角度实现不同的目的。"(《散步》评课)再比如课堂提问,于漪老师一再强调"须有整体观念","要牢牢把握住内容与形式如胶似漆、互为依存的这条线,发挥语文课程的多重功能。"总之,不管采用怎样的教学方法,目的都是为了使学生"真正体会到文中语言文字的精湛,体会到它表现的魅力与魔力",从而"真正触及作者思想的深处、感情的深处,跨越时空,与他们进行心灵的交流,乃至思想的碰撞。"(《超越·语文课要教出语文的个性》第94页)

　　前面我们指出,教学过程中的文本也是一个主体,具有鲜活的生命。因为"文章不是无情物"(《超越·让课堂充满生命活力》第104页)在这里我想进一步阐明的观点是,文本既然是一个生命存在,自然就有躯体,有骨干,有筋脉,有血肉,正是在这样一个浑然一体的生命形态中,寄托着它的语文智慧、精神元气,就像人的灵魂必须要依附于肉体生命一样。如果把它撕割得七零八落,却还要让人得到知能提高、智慧启迪和情感熏陶,不是像杀鸡取卵一样可笑吗?目前有些语文课经常会给人这样的感觉,一堂课上完了,教学的分项目标也基本上达成了,整堂课没有什么大毛病,但是总感觉缺一口气,缺乏整体感,文章的那份精气神在教学过程中没有被提领出来,而是在处理教材的时候被教师无意之间泄掉了,课堂教学没精神,不提神。原因何在?可能就在于教师处理教材时抓不住主干,分不清主次,眉毛胡子一把抓,文章被教师处理教材的手术刀切割得支离破碎;在教学过程中,只见部分而不见整体,只见语句而不见精神,从而在咬文嚼字的同时一口一口咬死了文本活泼泼的生命。由此可见于漪老师强调教材处理和课堂教学要"强主干,删

枝叶",实在是高明至极的见解。

　　从于漪老师的诸多论述中,我们可以得到这样的启发,在语文课堂教学,尤其是阅读教学中,师生必须在共同对话的基础上对文本的语文知能要素、情感意蕴和审美内涵进行观照,从而激活其内在的生命活力,让那些语言信息焕发出滋润心魂的力量,来影响、感染乃至震撼学生的心灵,使其语文素养得以发展,精神境界得以提升,人格得以优化和健全。在于漪老师看来,文本是作者的第二生命,但是,它的生命内涵必须在读者的情感浸润和理性观照之下才能够得到释放。它不纯然是客体对象,同时也具有相当的主体性。她说:"解读文本,尊重文本,本意是第一条,不能自行其是,随心所欲加以发挥。"(《超越·克服浮泛,精心探究》第171页)因此,在教学过程中,对文本的主体性也必须给予充分的尊重。如果把文本看作纯粹的教学客体对象,而只承认教师的主体性或学生的主体性,自然得出的结论就是,要么教师主宰一切,要么学生可以信口悠悠,怎么理解都对。在日常听课时,我们看到的一些现象,如唯教师的理解是从,或唯学生的理解是从,或教师对学生的理解不置可否,究其根源都是漠视了文本的主体性。因此,我们认为,在课堂教学中,必须充分尊重文本,才具有展开对话的可能性,只有在对话的状态中,才能够使文本蕴涵的语文教学内容得到落实,使学生的精神境界得到提升。要做到这一点,关键是要沉浸到文本中去,"从表达形式到思想内容,从思想内容到表达形式,反反复复推敲,跨越时空和作者对话、与编者交流,洞悉其中来龙去脉,体会它运用语言表情达意的独特个性。"(《超越·让课堂充满生命活力》第103页)与此相反,如果"文本内涵还未掌握,就延伸,就拓展,远离文本去过度发挥,语文课就会打水漂,就会浮泛,语文的个性淡化了,乃至难以找到痕迹。"(《超越·语文课要教出语文的个性》第93页)

　　在课堂教学中,学生既是积极对话的主体,同时又是有待深入的主体;既是主动学习的主体,同时又是有待发展的主体。语文素养的"发展"是目的,文本是发展的依据,"对话"是发展的途径,"深入"是发展的前提,而自己"积极主动"的态度和教师的有效引导则是发展的保障。在教学过程中,学生的主体地位应该得到充分的尊重,从而使他们充分沉浸到文本语言中去,思考质疑,形成"愤"与"悱"的认知心理,并在教师的帮助指导下,主动探索,用心感悟,自主完成一个"沉浸"—"质疑"—"体验"—"感悟"的学习过程。这样文本中的智慧之源和精神之泉就会无声无息地流入学生的心田,达到"润物无声"的教学效果,从而激发他们的生命活力。"当一名学生在阅读中发现别人未能发现的精彩,并胸有成竹,向同窗侃侃而谈时,课堂里就会升起思维的明灯,闪烁出智慧的光芒。"(《超越·关键在有所发现,善于发现》第121页)

要之,生命激荡的课堂,是语文个性得到充分体现的教学现场,是教师、学生、文本的生命活力和生命价值得到充分尊重的教学现场,任何一方的缺席和失位都会导致这个现场黯然失色。只有充分展开三者之间的多边对话,教师充分发挥主导、辅助、激发、教化的作用,文本充分彰显其教育教学价值,学生潜心研读文本,得到实实在在的智育、美育、德育的收益,这样的课堂才真正是生命荡漾,美不胜收的。